KB196948

생명교육총서 9

이야기, 삶을 통하다

한림대학교 생사학연구소 김혜미
한림대학교 생명교육융합학과 이미영 지음

박문사

이 저서는 2012년정부(교육부)의 재원으로 한국연구재단의 지원을 받아 수행된 연구임
(NRF-2012S1A6A3A01033504)

| 머리말

〈콩쥐와 팥쥐〉, 〈해와 달이 된 오누이〉, 〈백설공주〉, 〈장화신은 고양이〉 이런 이야기들을 들어본 적 있을 것이다. 만일 기억나지 않더라도 제목은 들어봤을 이야기들이다. 이런 이야기들은 갑자기 생긴 것이 아니고, 언제인지 모를 시절부터 전승되어 왔다. 그렇다면 영상의 시대인 지금은 어떠한가? 이야기의 전승이 없어졌다고 생각할 수 있다. 그런데 실상 그렇지 않다. 우리는 재미있는 작품이나 충격적인 이야기를 들으면 누군가에게 '전달'하려는 욕구를 가지고 있다. 이야기를 듣고 전달하고, 함께 나누는 일이 아무래도 관계에 있어서 중요하기 때문이다.

그렇다면 우리는 예전부터 지금까지 어떤 이야기를 전달해 오는가? 우리는 아무 의미 없는 이야기를 전달하려고 하지 않는다. 나에게 의미있다고 생각하거나 타인에게 전달해서 그에게 의미가 생성된다고 생각한 이야기들을 전달할 것이다. 예전부터 지금까지 전달되어 온 이이야기들도 여기에서 의미를 찾을 수 있다. 언제인지 모를 고대시대부터 아니면 가장 가까운 과거인 조선시대부터 전해져왔을 수도 있다. 아니면 일제강점기일

지도 모른다. 그 모든 역사를 담아, 필요하다고 생각되는 이야기들이 지금, 현재 우리에게 전해진다. 특히 우리가 고민해야 하는 문제들, 삶을 살면서 생각해 봐야 하는 고민들을 담은 이야기들이 지금까지 조금씩 그 형태들을 바꾸면서라도 전달되고 있다고 할 수 있다.

필자는 이렇게 전승되고 있는 이야기 중, 삶을 관통하는 주제에 관해 나누고자 한다. 많은 이야기들이 사람들의 관심사가 되겠지만, 이번엔 죽음과 관련된 삶의 이야기를 나누고자 한다. 사람은 누구나 죽는다는 사실을 알고 있다. 하지만 그 일을 나의 일과 관련되어 생각하는 습관은 없다. 저 먼 나라에서 전쟁이 발발되어 사람이 죽었다고 하면, 그 사실을 안타까워하지만 그것이 나의 일이라고 생각하지 않는다. 나의 사랑하는 사람, 주변에 가까운 사람이 죽었다고 해도 마음 아파 하지만, 그것은 나의 죽음이 아니라 타인의 죽음이다. 주변의 죽음을 통해 자기 죽음을 생각하는 것이 아니라 '그' 사람의 죽음을 생각한다. 어찌 보면 나는 죽지 않고 살아가고 있다고, 나의 죽음은 멀리 있다고 생각할 수 있다. 그러나 객관적으로 생각해도 나는 죽는다. 내가 죽는다는 사실을 알고 있지만 우리는 죽지 않을 것처럼 살아가고 있다. 그래서 하루하루를 무료하게 살아가고 있는지도 모른다. 하지만 나에게 죽음이 다가와 삶이 얼마 남지 않았다고 하더라도 그렇게 무료하게 쳇바퀴도는 하루를 살아갈까? 아마도 살 날이 얼마 안 남은 나는 무엇이라도 할 것이다. 하지만 이미 그때는 늦고 만다. 필자는 늦기 전에, 나에게 있어서 죽음의 의미를 다시 한 번 생각해 볼 필요가 있다고 생각하고 죽음을 통해 삶을 다시 생각해 볼 수 있는 여섯 개의 옛이야기를 준비하였다.

1장에서는 '이야기, 삶을 말하다'라는 제목으로 여섯 개의 이야기에 담긴 삶과 죽음의 의미를 탐색해 본다. 이야기의 문면에 드러나지 않은, 그 속에 담긴 의미를 끄집어 냄으로써 우리에게 옛이야기가 삶과 죽음에 대해 전달하고자 하는 것이 무엇인지 밝혀내고자 한다. 그에 따라 준비한 옛이야기는 〈콩쥐와 팥쥐〉, 〈삼정승 만나 목숨 구한 총각〉, 〈환생한 송아지 신랑〉, 〈지네각시〉, 〈내 복에 산다〉, 〈구복여행〉이다. 죽음을 기반으로 진행되는 그들의 구체적 여정이 어떻게 삶과 이어지는지 탐색해 보았다. 이때 옛이야기의 내용과 제목은 정운채의 『문학치료 서사사전』을 참고하였다.

2장에서는 '이야기, 삶을 통하다'는 제목으로 1장에서 함께 의미를 탐색해 본 옛이야기들을 어떻게 사람들과 나눌 수 있을 것인지 방법을 제안하고자 한다. 특히 옛이야기를 통한 교육을 진행할 때, 활용 가능한 구체적인 방안을 제공하였다. 이야기를 단순히 들려주는 것에서 넘어서 함께 나누고 향유할 수 있도록 도움을 주는 일은 더욱 적극적으로 좋은 이야기를 전승하는 활동이 될 것이고 그런 좋은 이야기는 교육 대상자들의 삶을 더욱 풍요롭게 해주리라 기대한다.

풍요로운 삶, 아름다운 죽음을 맞이할 수 있는 본 총서를 기획하기 위해 지원을 아끼지 않은 모든 분들에게 감사의 뜻을 전하며 서문을 마무리하고자 합니다.

2022년 5월

한림대학교 생사학연구소 김혜미

목 차

[1부]

이야기, 삶을 말하다.

1. 콩쥐, 그녀는 죽을 수밖에 없었다. 11

2. 죽음의 운명, 그 처절한 운명도 생명을 얻을 수 있을까? 23

3. 죽어야, 산다. 41

4. 지네 각시, 삶의 길을 열어주다. 69

5. 내 복은 내 꺼다! 85

6. 타인의 복을 구하자 나의 복이 함께 구해지다. 99

목\차

[2부]

이야기, 삶을 통하다.

1. 이야기 속으로 들어가는 길 121

2. 콩쥐의 삶에 다가가다. 127

3. 인적 네트워크를 찾는 삶에 다가가다. 135

4. 새로운 나를 탐색하는 길로 나아가다. 141

5. 서로를 구하는 삶에 다가가다. 149

6. 금덩이를 찾으러 나아가다. 159

7. 함께 구하는 복으로 나아가다. 165

1부

이야기, 삶을 말하다.

1. 콩쥐, 그녀는 죽을 수밖에 없었다.
2. 죽음의 운명, 그 처절한 운명도 생명을 얻을 수 있을까?
3. 죽어야, 산다.
4. 지네 각시, 삶의 길을 열어주다.
5. 내 복은 내 꺼다!
6. 타인의 복을 구하자 나의 복이 함께 구해지다.

01 콩쥐, 그녀는 죽을 수밖에 없었다.

콩쥐, 울기만 하는 여성

"알고 있는 옛이야기가 있으세요?"

누군가에게 이렇게 물으면 많이 대답하는 제목 중 하나는 단연 〈콩쥐와 팥쥐〉이다. 이 이야기만큼 많은 사람들이 기억하고, 전달하는 이야기는 많지 않다. 그럼에도 "콩쥐와 팥쥐 이야기를 좋아하세요?"라고 물으면, 그 이야기를 기억해 냈던 사람들은 "아니"라고 대답한다. 좋아하지도 않는 이야기를 기억하고'는' 있는 것이다. 〈콩쥐와 팥쥐〉는 많은 사람들이 기억하면서도 좋아하지 않는 기이한 현상을 불러일으키는 이야기라고 할 수 있다.

어떤 이유로 그런 것일까? 많은 사람들이 기억하지만 좋아하지 않는 현상에 대해 이해하기 위해 〈콩쥐와 팥쥐〉를 다시 한 번 살펴보지 않을 수 없다. 옛이야기, 즉 구비문학은 입에서 입으로 전해 내려오는 성격의 문학인 만큼, 기억에 남고 의미가 형성되지 않으면 전해지지 않는다. 좋아하지 않지만, 기억하는 이야기! 싫다고는 했지만, 현재까지 전승되는 어떤 의미가 있는 것일까? 그것이 궁금하다.

콩쥐는 태어난지 얼마 안 되어 어머니를 일찍 여의게 되었습니다. 아버지는 어머니가 돌아가신지 얼마 지나지 않아 후처를 들였어요. 그녀에게는 팥쥐라는 딸이 있었어요. 콩쥐에게는 계모와 팥쥐라는 동생이 생겼답니다. 계모는 콩쥐를 매우 미워했어요. 계모는 콩쥐를 괴롭히기 위해 콩쥐에게는 나무 호미를 주어 돌밭을 매라고 하고 팥쥐에게는 쇠 호미를 주어 모래밭을 매게 하였어요. 팥쥐는 쇠 호미로 금새 밭을 다 매고 집으로 돌아갔어요. 콩쥐는 나무 호미로 밭을 매다가 부러져 엉엉 울고 있었답니다. 그때, 꼬부랑 소가 나타나 콩쥐 대신 밭을 매주었어요. 콩쥐는 집으로 돌아갈 수 있게 되었답니다.

하루는 마을에 큰 잔치가 열렸어요. 팥쥐와 계모가 잔치에 갈 준비를 하자, 콩쥐는 자신도 가고 싶다고 했어요. 그런데 웬일로 콩쥐가 잔치에 오는 것을 계모가 바로 허락하는 것이었어요. 콩쥐가 기뻐하자 계모는 콩쥐에게 밑 빠진 독에 물 붓기, 곡식 한 섬을 찧어 놓기 등의 일을 해 놓고 다 마치면 잔치 구경을 오라고 하며, 먼저 잔치로 떠났어요.

계모가 말한 일들을 모두 하고 잔치에 갈 생각을 하자 콩쥐는 눈물이 났어요. 그때 큰 두꺼비가 나타났어요.

"콩쥐야, 왜 울고 있니?"

"제가 잔치에 가야 하는데, 밑 빠진 독에 물을 부을 수 없어서 울고 있었어요."

"내가 도와주마."

두꺼비는 독으로 쏙 들어가 구멍난 부분에 앉았어요. 콩쥐가 물을 붓자 독이 가득 채워졌어요. 하지만 곡식 한 섬을 다 빻아 놓으면 잔치가 끝날 것 같아 다시 울고 있었어요. 그때 새들이 날아왔어요. 새들은 콩쥐에게 왜 울고 있냐고 물었어요.

"제가 잔치에 가야 하는데 곡식 한 섬을 다 빻지 못하여 울고 있었어요."

그러자 새들은 모두 곡식을 찧어 주었답니다. 콩쥐가 잔치에 가려고 하는데, 자신의 모습을 보니 옷이 너무 더럽고 허름한 것이었어요. 콩쥐는 다시 울기 시작했습니다. 그러자 황소가 나타났어요.

"콩쥐야, 왜 울고 있니?"

"제가 잔치에 가야 하는데 옷이 없어서 울고 있었어요."

"그렇다면 이것을 입고 가렴."

황소는 콩쥐에게 예쁜 옷과 꽃신을 주었어요. 그제야 콩쥐는 잔치에 갈 수 있게 되었어요. 그런데 콩쥐는 잔치에 가는 길에 꽃신 한 짝을 잃어버렸어요. 잔치에는 선비도 가는 길이었는데, 선비가 떨어진 꽃신 한 짝을 발견하고 잔치로 향하였어요. 선비는 잔치에서 꽃신 한 짝을 내보이며 이 신발의 주인과 혼인하겠다고 하였어요. 콩쥐는 자신이 꽃신의 주인이라고 하였고, 둘은 결혼하게 되어 행복한 삶을 시작하였어요.

하루는 선비가 외출하면서 콩쥐에게 오늘은 바깥에 나가지 말고 목욕도 하지 말라고 했어요. 그런데 갑자기 팥쥐가 콩쥐 집에 와서 선비가 언니와 함께 나가 목욕을 하라고 했다며 콩쥐를 설득했어요. 콩쥐가 팥쥐와 함께 물가로 갔는데 아무래도 선비의 말이 마음에 걸려 목욕하지 않으려고 했어요. 그때 팥쥐가 콩쥐를 밀어 물에 빠뜨려 죽여 버렸어요.

팥쥐는 콩쥐의 자리를 빼앗고 콩쥐인 척하여 선비와 부부로 지냈어요. 죽은 콩쥐는 꽃으로 환생하여 선비네 집 앞마당에 피었어요. 선비가 그 꽃을 좋아하니 팥쥐는 꽃을 뜯어다가 아궁이 속으로 던져 버렸어요. 콩쥐는 아궁이에서 빨간 구슬이 되었어요. 콩쥐는 불씨를 얻으러 온 이웃에게 발견되었는데, 그 구슬에서 콩쥐가 나와 이웃에게 그동안의 일을 이야기하여 도와달라고 하였어요. 콩쥐의 부탁으로 이웃 사람은 선비를 이웃집으로 불러내었어요. 이웃집 사람은 콩쥐가 시키는 대로 선비를 대접하는 밥상에 짝짝이 젓가락을 두었어요. 그러자 선비는 이웃집 사람에게 젓가락이 짝짝이라고 말하는 것이었어요. 그러자 콩쥐가 나타났어요.

"젓가락이 짝짝이인 줄을 알아 보면서 자기 아내는 못 알아봅니까?"

그제야 선비는 지금의 아내가 콩쥐가 아닌 팥쥐임을 알게 되었어요. 선비는 팥쥐를 처형하였고 팥쥐를 젓갈로 만들어 팥쥐의 어머니에게 먹이는 벌을 주었답니다. (정운채 외, 『문학치료 서사사전』 3권 참고)

"어휴, 잔인해!" 이야기를 끝내면 많은 사람들이 이렇게 말한다. 팥쥐를 처형하는 마지막 장면에서 말이다. 그런데 정말 마음에 안 드는 장면을 물으면, 〈콩쥐와 팥쥐〉에서 마음에 안드는 곳은, 콩쥐가 계모와 팥쥐에게 속수무책으로 당하다가 선비로 인하여 새 삶을 살게 되는 부분이다. 주체적이지 못한 콩쥐에 대한 비난과 타인에 의해 구원받는다는 '신데렐라 콤플렉스'를 좋아하지 않기 때문이다. 이미 많은 연구에서 〈콩쥐와 팥쥐〉는 신데렐라 유형에 속하는 이야기로 알려져 있다. 백마 탄 왕자님, 타의에 의해 행복을 찾는다는 맥락이 신데렐라 콤플렉스를 자극하는 것이고, 그래서 이 부분을 싫어하는 것이다.

콩쥐가 타인에게 도움을 받아 행복을 찾으려 했다는 오명은 벗을 수 없다. 문제 상황이 생겼을 때 콩쥐는 '울기'만 하는 모습을 보이기 때문이다. 운다는 것은 감정의 표출이다. 힘들거나 어려운 상황에서 자신이 감당하지 못 하는 일들이 생겼을 때, 나타나는 행동이라고 할 수 있다. 우리도 어찌하지 못하는 상황에서 울기만 할 때가 있다. 모든 것을 놓아버리고 울고 있을 때 누군가가 와서 도와준다는 것은 얼마나 바라는 일인가! 그러한 바람이 잘 이루어지는 대목을 이야기 여기저기에서 볼 수 있다.

콩쥐의 바람을 이루어주는 여러 동물들, 특히 황소는 다양한 연구에서 '친어머니'의 상징으로 보기도 한다. 죽은 친어머니가 찾아와 필요한 순간마다 콩쥐가 수행해야 하는 일들을 대신 해 준다는 것이다. 우리에게 있어 '친엄마'의 존재에 대해, 혹은 친엄마를 인식하는 모습에 대해 단적으로 보여주는 부분이라고 할 수 있다. 엄마는 황소다. 황소는 하루 종일 일을 한다. 다른 어떤 바람을 갖지 않고 가족을 위해 묵묵히 일을 한다. 암묵적으로 우리는 친엄마에 대한 이미지를 '희생적으로 일을 해주는 존재'로 인식하는 것이다.

그렇다면 이야기에서 '계모'는 어떠한가? 콩쥐를 울게 만드는 계모는 step mother라는 의미 만을 담고 있을까? 그렇지만은 않다. 자녀를 괴롭히고 울게 만드는 엄마는 친엄마가 아니라 계모이기만 한 것일까? 2018년~2020년 동안 통계청에 보고된 우리나라 아동 학대 사건은 30,905건이다. 그 중 25,380건인 82% 이상이 친부모에게서 이루어진다는 결과가 보고되고 있다. 아동 학대 사건의 많은 부분은 우리 옛이야기나 흔히 가지고 있는 편견과는 다르게 친부모로 인하여 발생되고 있다고 할 수 있다.

갑작스레 개인적인 이야기를 한다면, 필자의 동생은 결혼까지 하고 아이를 낳은 상태인 지금까지도 어머니가 자신에게 다정하지 않다고 느낄 때, "엄마는 계모 아니야?"라고 이야기하곤 한다. 다정하지 않다거나 더 나아가 학대하거나 폭력적인 부모에 대해 무의식적으로 상징화된 대상이 '계모'라는 것이다. 옛이야기의 대가 베텔하임 또한 옛이야기에서 계모는 친모의 상징이라고 언급하고 있다.[1] 부모가 무서운 대상으로 다가올 때, 아이들은 마음 속에서 스스로 친부모를 계부모로 바꾸어 버린다. 친부모가 아니고, 계부모일 때 아이들은 현재의 문제를 견딜 수 있는 힘을 얻는 것이다. 자신에게는 더 좋은 친부모가 있고, 좋은 친부모의 이상형을 쫓아가면서 나쁜 부모의 모습을 한 계부모를 이겨낼 수 있게 된다.

콩쥐는 결혼을 통해 계모에게서 벗어나게 되는 것처럼 보인다. 그러나 계모에게서 벗어났다고 할 수 있을까? 계모에게서는 벗어났지만, 콩쥐를 따라오는 검은 그림자가 있다. 바로 팥쥐이다. 계모의 폭력에서 벗어났다고 생각했는데, 자신을 따라붙는 더 큰 힘이 있었던 것이다. 직접적으로 구박하던 계모와 다르게, 팥쥐는 콩쥐에게 찾아와 꼬임을 하며, 슬슬 속인다. 선비가 시켰다고 하며, 함께 목욕을 가지고 콩쥐를 꼬득인다. 그런 검은 꼬득임에 콩쥐는, 죽는다.

죽음을 통해 나아가는 삶

필자가 〈콩쥐와 팥쥐〉에 주목한 이유는 전반부에 나타난 부모와의 관계 양상이나 선비를 만나는 부분 뿐만이 아니다. 이야기의 후반부에 그려

1 브루노 베텔하임, 김순옥 역, 『옛이야기의 매력』 2, 시공사, 1998.

지고 있는 콩쥐의 죽음과 환생 부분에 주목하였기 때문이다. 후반부의 주요 사건은 팥쥐에 의해 콩쥐가 죽게 되는 것이다. 이때 콩쥐는 꽃으로 환생하고 난 뒤 다시 아궁이에 던져져 구슬로 환생을 한다. 콩쥐의 죽음은 서사의 전개에 영향을 미치지 못하는 존재가 되어버렸음을 의미한다.[2] 콩쥐가 작품의 전개에 영향을 미치지 못하는 존재가 되는 것을 다시 생각해 보면, 인간관계에 영향을 미치지 못하고 있는 존재가 되었다는 것으로도 생각해 볼 수 있다. 그렇다면 다시 돌아가 콩쥐의 죽음이 어떤 관계에서 발생하게 되었는지 살펴볼 필요가 있다. 주지하다시피 콩쥐의 죽음은 부모와의 관계에서 비롯되었다. 강압적이거나 폭력적인 부모를 감당하지 못하여 죽임을 당하고, 부모에게도 영향을 미치지 못하는 존재로까지 그려지게 된 것이다.

그런데 부모와의 관계, 즉 타인과의 관계에서 콩쥐가 죽음을 맞이했지만 거기에서 이야기는 끝나지 않는다. 콩쥐는 환생을 하려고 한다. 환생을 한다는 것은 스스로 새로운 모습으로 다시 태어나려는 의지로 볼 수 있다. 그런데 환생을 하기 전에 선행 되어야 하는 조건은 죽음이다. 죽음을 맞이해야 새로운 모습으로 환생할 수 있다. 여기에서 환생을 통한 죽음의 의미를 한 번 되새겨 보고자 한다.

콩쥐가 죽은 후에 가장 먼저 환생한 모습은 '꽃'이다. 많은 것들 중에서 왜 콩쥐는 꽃으로 태어났을까? 꽃은 아름답다. 그리고 땅에서 피어난다. 꽃은 땅에서 자라나기 때문에 상대가 나를 아름답게 봐줄 때까지 기다릴 수밖에 없다. 적극적으로 상대방에게 다가가는 것이 아니라, 수동적인 속

---

2 박재인, 「설화 <콩쥐팥쥐>에서 나타난 경쟁 문제와 승리의 서사로서의 가치」, 『인문과학』 61권, 성균관대학교 인문과학연구소, 2016, 205면.

성을 가진 것이다. 혹여라도 꽃에 관심이 없는 사람이 지나가기라도 하면, 아무리 아름답더라도 그 의미가 생성되지 못한다. 이러한 꽃의 속성을 통해 보자면, 꽃의 형태로 재탄생한 콩쥐의 대표적인 속성은 '타인지향적'인 모습이라고 할 수 있다. 옛이야기에서 사람이 동물이나 식물로 태어나게 되면, 정말 동물이나 식물로 생각하기 보다는 그 사람이 가진 속성으로 파악해야 한다. 환생한 대상이 가지고 있는 속성은 인간이 가지고 있는 한 면모로 볼 수 있다.[3] 우리는 이러한 상징을 생활 속에서도 흔히 쓰고 있는데, 예를 들면, 너무 무서운 선생님을 두고 호랑이 선생님이라고 한다거나, 귀여운 자식을 두고 토끼 같은 자식이라고 언급하는 것과 같다. 콩쥐가 꽃으로 다시 태어난 것도 하나의 상징이라고 볼 수 있고, 그것은 꽃의 속성을 가지고 있다.

콩쥐는 운 좋게 선비를 만나서 그와 함께 행복한 결혼 생활을 '시작'할 수는 있었다. 하지만 시작은 했더라도 어떻게 '지속'하느냐는 다른 문제이다. 팥쥐와 같이 방해꾼이 생기지 않았다고 하더라도 결혼하기 전의 생활방식으로 살다가는 언젠가 자신과 계모인 엄마와의 관계와 크게 다르지 않는 방향으로 살아갔을 것이다. 그에 따라 결혼 생활 안에서 지속을 위해 콩쥐는 다른 삶의 방식이 필요하다는 것을 절실히 느끼고 또 다른 모습이 되기로 노력한다. 아마 그래서 콩쥐도 삶의 모습을 바꾼 것이라고 생각해 볼 수 있다. 결혼 전의 콩쥐로만 살기는 어려웠고 그러자면 자신이 삶의 모습을 바꿔야 한다. 그런데 꽃으로 환생한 것은 나의 의지로만 진행된 것은 아니다. 바로 팥쥐가 개입되어 있다. 팥쥐가 찾아와 그녀의 방식대

3 김혜미, 「<환생한 송아지 신랑> 설화를 통해 본 죽음과 환생에 대한 문학치료학적 고찰」, 『문학치료연구』 제47집, 한국문학치료학회, 2018, 175면.

로, 그녀의 질투에 의해 억지로 죽임을 당한 것이다. 그러한 강력한 힘에 의해 바뀐 콩쥐의 모습이 '꽃'인 것이다. 스스로 자기 변형을 이룬 것이 아니라 타인의 힘에 바뀐 모습이기 때문에 수동적인 꽃 정도로만 변화가 가능했다. 콩쥐의 삶의 모습은 꽃과 같은 모습이어서 아직 자신이 생각하거나 말하던 방법대로 사는 것에서 크게 나아가진 못한 것이라고 할 수 있다.

그렇다면 콩쥐는 다시, 죽어야 한다. 이때의 죽음도 정말로 죽는다는 것이 아니다. 나의 이전 상태가 없어짐을 뜻하는 죽음인 것이다. 꽃과 같이 예쁘기만 하려고 한 콩쥐에게서 나아가 새로운 모습의 콩쥐가 되어야 한다. 그런데 이때에도 콩쥐는 팥쥐에 의해 죽임을 당한다. 그런데 이전의 죽음과는 다르다. 그 죽음의 과정에서 콩쥐는 뜨거운 불에 달궈진다. 달궈진다는 표현보다는 바스라진다가 더 맞을 수 있겠다. 꽃이 뜨거운 아궁이에 들어가면 그 행태가 사라질뿐더러 아예 흔적조차 남지 않을 수 있다, 그런 뜨거운 아궁이 속 고난은 결국에는 콩쥐를 단단한 구슬로 만들어 주었다. 새빨간 구슬로 다시 태어난 콩쥐는 거기에서 다시 원래의 자기자신의 모습으로 화하여 나타날 수 있는 방법도 알게 된다. 여기에서 고난의 의미를 다시금 생각해 볼 수 있다. 아궁이로 대표되는 내 삶의 어려움은 나를 흔적없이 지워버릴 수도, 나를 단단한 다른 모습으로 다시 태어나게 할 수도 있다. 그 아궁이와의 만남, 그 고난과의 만남 속에서 내가 어떠한 태도를 취하느냐가 중요한 것이다.

그렇다면 바뀐 콩쥐를 어떻게 알아볼 수 있을 것인가? 바로 계모와 팥쥐를 대하는 태도이다. 전반부의 콩쥐는 아무리 그 두 사람이 잘못했다고 하더라도 그냥, 넘어간다. 자신이 그에 대항할 힘이 없기 때문이다. 반면 단단해진 콩쥐는 이제 옳고 그름에 대해 중심을 잡고 명확하게 판단하는 모습을 가졌다. 그런 모습으로 인하여 자신이 나아가야 할 방향을 알게 되었다고 할 수 있다.

나를 찾는 법, 자기표현

꽃과 같던 콩쥐는 죽었다. 뜨거운 열에 강인해진 콩쥐가 남았다. 강인해진 콩쥐는 이웃집 사람에게 도움을 청한다. 도움을 청한다고 하는 것을 나약함의 표현이라고 생각할 수 있겠다. 하지만 이전의 콩쥐는 도움을 청하지도 못하고 울기만 했었다. 울기만 하던 콩쥐는 이제 타인에게 도움을 청하게 된다. 우리는 나약해져 있을 때 도움을 청하지 못한다. 내가 너무 작아서 타인에게 도움을 청하게 된다면 더 자신이 못나보일 것이라고 생각하기 때문이다. 그렇기에 사람들은 나약하지 않을 때 자신이 필요로 하는 것을 알고 타인에게 청할 줄도 안다. 자신이 못나지 않았다는 것을 이미 알기 때문이다. 그것은 콩쥐가 남편에게 자기표현을 하게 된 것을 통해서도 알 수 있다.

콩쥐는 남편에게 "젓가락이 짝짝인 것은 알아보면서, 아내가 바뀐 것은 알아보지 못하나?"라고 따진다. 자신을 제대로 봐주지 않는 남편에게 자기존재를 드러내고 있는 말이다. 남편이 아내가 바뀐 줄 모른다고? 말도 안 되는 거 아니야? 그렇게 생각할 수 있다. 하지만 아무리 가까이 있는 사람이라고 하더라도 제대로 봐 주지 않는다면 그 사람이 거기에 있는지 우리는 알지 못한다. 내가 어디에 있는지 알지 못할 때, 내가 예쁘기만 한 꽃

같이 앉아 있다면, 영원히 나의 존재는 묻혀 버릴 것이다.

하지만 많은 사람들은 자기 존재에 대해 이야기하지 못한다. 그저 자신을 숨기고 조용하게 살다가 누군가가 자신을 알아봐 주지 않는다고 억울해할 뿐이다. 중요한 것은 '내가 여기 있다'고 자기를 표현하는 것이 중요하다. 필자는 묻고자 한다. 내가 여기에 이렇게 있다고, 나는 어떤 사람이라고 표현하고 있는가? 입만 삐죽하게 내밀고, 수동적인 감정표현만 하고 있는 것은 아닌지?

명확하게 이야기해야 한다. 그래서 관계가 불편해진다면? 그것도 괜찮다. 타인을 불편하게 하라는 말이 아니다. 내가 죽어서 타인을 살릴 수 있는 것이 배려라고 생각할 수 있지만, 나의 존재가 죽는 것을 진짜 배려라고 말할 수 없다. 내가 그 자리에 있으면서, 중심에 서 있으면서 타인에 대한 배려가 생성되어야 한다. 나의 존재를 드러내면서 관계를 원만하게 할 수 있도록 자기 표현을 연습해야 한다. 일단 '내가 좋아하는 것'부터 작성해 보자. 어처구니 없는 말로 들리겠지만, 사람들은 자신이 좋아하는 것이 무엇인지 조차 알지 못하는 경우가 허다하다. 거기에서부터 시작하자. 결국 나를 드러낼 수 있는, 자기 존재의 표현을 할 수 있는 시간이 오기까지 연습이 필요하다.

이야기,
삶을 통하다

02 죽음의 운명, 그 처절한 운명도 생명을 얻을 수 있을까?

귀한 집 아들, 집에서 살다가는 죽는 운명을 타고났다.

우리는 간혹, 운명이라는 말을 한다. 운명적 사랑, 운명적 만남, 운명적 대결 등, 일상에서 운명이라는 말을 사용한다. '운명'은 '타고난 것', '극복하기 어려운 것'이라는 의미를 포함한다. 운명은 이미 내가 태어날 때부터 정해져 있어서 바꾸기 어렵다. 특히 비극적 운명을 타고 났다고 생각하게 되면, 비극적 운명을 바꿀 수 없다고 생각하게 될 때, 얼마나 좌절하게 하는가. 비극적 운명 중에서도 내가 죽는 운명을 타고 났다고 하면 그때의 감정은 어떠할까? 죽음의 운명을 그대로 받아들일 것인가, 아니면 죽음의 운명과 함께 맞서 볼 것인가. 그런데 우리는 누구나 죽음의 운명 앞에 있다. 죽지 않는 사람은 없기 때문이다. 하지만 죽음이 정말 내 앞에 있다고 할 때, 어떻게 행동할 수 있을까? 여기 죽음의 운명을 들은 한 삼대독자가 있다. 그는 어떻게 죽음의 운명과 만나고 있는지 살펴보자.

아들이 귀한 집에 삼대독자가 살고 있었어요. 부모는 불면 날아갈까 하여 삼대독자를 매우 귀하게 키웠습니다. 어느 날 한 대사가 삼대독자의 집으로 동냥을 얻으러 왔어요. 대사는 아이의 관상을 보더니 뭔가 불편해하는 것이었어요. 그것을 이상하게 여긴 어머니가 대사를 불러 왜 그러느냐고 물었어요. 대사는 "아들이 잘 생겼다만..."이라고 하여 말을 아꼈어요. 어머니가 재차 묻자 대사는 아들이 집에서 살다가는 호랑이에게 잡혀 먹힐 운명이라고 하는 것이었어요. 놀란 어머니가 무슨 방도가 없겠느냐고 물었어요. 그러자 대사는 방법이 있긴 한데, 아무 날 아무 시에 삼정승의 딸들에게 장가를 가야 한다고 하는 것이었어요. 대사의 이야기를 들은 부모는 그런 불가능한 일을 할 수 없으리라 생각하고 이제 아들은 잃은 것이라 여겨 근심에 빠져버렸어요. 부모님이 식음을 전폐하고 있자 삼대독자는 왜 그러신지 여쭈었어요. 삼대독자는 집에서 죽음을 기다리지 않고 서울로 올라가 살길을 찾기로 하였어요.

서울로 간 삼대독자는 준비해온 돈을 가지고 길을 떠났다가 팥죽집에서 기거하면서 지냈어요. 일일이 곧잘 도와주는 삼대독자에게 팥죽집 주인인 할머니가 어쩌다가 떠돌아다니게 되었느냐고 물었어요. 삼대독자는 자신의 운명에 대하여 팥죽할머니에게 털어 놓았어요. 사정을 딱하게 여긴 팥죽할머니는 마침 정승 집에 일을 하러 다니는 자신의 두 딸들에게 부탁하여 삼대독자를 정승 집으로 안내하였어요.

정승 집으로 들어간 삼대독자는 몰래 초당으로 들어가 정승 딸을 만났어요. 정승 딸에게 자기 사연을 털어놓자 정승 딸은 다른 정승들의 두 딸들을 불렀어요.

"어떤 사람이 대사에게 죽을 운명에 처해졌다고 하는데, 정승의 딸들을 만나야 한데. 그렇다면 너는 어떻게 하겠니?"

"당연히 살려야지. 사람 목숨보다 귀한 것이 어디에 있어?"

"나도 그렇게 생각해"

삼정승의 딸들은 그렇게 삼대독자를 보호하기로 했어요. 과연 오월오일이 되자 호랑이가 나타나 삼대독자를 물어 가려고 했어요. 그때 삼정승의 딸들이 함께 있는 것을 보고는 포기하고 돌아갔어요. 호환을 물리친 삼대독자는 삼정승의 딸들과 결혼하여 잘 살았답니다. (정운채 외, 『문학치료 서사사전』2, 문학과 치료, 2009 참고)

이 이야기의 제목은 〈삼정승 딸을 만나 목숨 구한 총각〉이다. 삼정승은 영의정, 우의정, 좌의정을 말하는 것으로 조선시대에 왕을 제외하고 가장 높은 직위를 가진 세 사람이라고 하겠다. 그 세 사람의 딸을 모두 만나야 목숨을 구할 수 있는 운명이라는 말이다. 그 세 사람의 딸을 만나야 살 수 있다는 말은 죽을 가능성이 더 높다는 것을 의미하기도 한다. 그런데 그 결과가 어떻게 되느냐? 제목만 보아도 결과적으로 알 수 있다. 삼대독자는 어떤 방법으로든 삼정승의 딸을 만난 것이다.

이때 이야기에서 주인공은 '삼대독자'로 표현되고 있다. 우리나라 옛이야기들은 입에서 입으로 구비전승되는 이야기이다 보니, 같은 구조를 가진 스토리라도 구연자마다 세부적인 내용이 조금씩 다를 수 있는데, 또 다른 이야기에서는 구대독자로 나타나기도 한다. '독자'라는 표현은 '손이 귀한 집안'이라는 것을 더욱 극적으로 나타내는 장치라고 하겠다. 삼대독자로 표현되든지, 구대독자로 표현되든지 '독자', 한 집안에 한 명의 아이만 태어난다는 말은 손이 귀한 집안이라는 의미가 있다. 한 연구자는 독자,

즉 '귀자(貴子)'로 표현되고 있는 것은 그 존재에 이미 불안이 잠재된 것이라 보았다.[4] 어떤 이유로 그럴까?

옛이야기에서 독자로 귀자로 나오는 설정은 아들을 대하는 부모의 태도와 연관이 깊다. 구체적으로 들어가 부모의 태도에 대해 서술하는 부분을 보면, '불면 날아갈까 조심스럽게 키웠다'고 표현한다. 부모가 아들을 애지중지 키웠다는 것이다. 자식을 귀하게 키우는 가정환경 속에서 자녀는 부모나 주변 사람들의 막대한 관심과 보호의 대상이 되어 자랐다고 예측할 수 있다. 이렇게 온실 속의 화초처럼 자랄 수밖에 없는 환경을 가진 삼대독자 혹은 구대독자는 자신의 선택으로 독자로 태어난 것이 아니다. 그러므로 손이 귀한 집안에서 태어난 것 자체가 그 아들의 운명이라고 볼 수 있다. 특히 귀한 자녀일수록 부모는 자식을 자신에게 속해 있는 존재로 여기며, 하나의 독립된 존재로 인식하지 못한다. 즉 아들의 존재를 '삼대독자'로 설정했다는 것은 부모가 자녀를 독립시키기 어렵게 만드는 상황이 형성되었다는 것인데, 이는 특히 실제로 외동아이를 과잉보호하여 양육하는 부모의 모습을 통해서 확인할 수 있다.[5] 중은 아들을 애지중지 키우는 부모에게 이렇게 말한다.

> "아 이 아를 까딱허믄 집이 두었다가는 못씁니다."
>
> "이 아들을 집이다가 또 호강시럽게 집이서 귀히 키운다고 보먼은 못당헐 일 당허시닌게, 이 아들을 아무날 아무시 아무날 노승(路需)냥이나 주어

---

4 정재민, 『한국 운명설화 연구』, 제이엔씨, 2009, 178면.

5 김춘경, 「부모의 과잉보호가 아동의 성격발달에 미치는 영향에 관한 개인심리학적 분석」, 『놀이치료연구』 제4집 제1호, 한국아동심리재활학회, 2000.

서 제 바람으로 내 보내시오. 그렇지 않으면 아들을 집으다가 두었다면 아들허고 이별헐 수가 있읍니다." 그러거든.[6]

이야기의 일부를 원문으로 제시하여 보았다. 원문은 옛이야기에서 구연자가 구연한 말 그대로 제공하였다는 말이다. 『한국구비문학대계』에는 이렇게 구연자가 구연한 그대로의 말투와 어감을 살려 이야기를 담아내고 있다. 이 이야기에서 중은 '집'에 두었다가는 아들이 못쓰게 된다고 언급한다. 단순하게 생각하면 죽을 운명에 대해 말한 것이라고 생각할 수 있다. 그런데 여기에서 주목해야 하는 말은 '집'에 두면 못쓰게 된다고 한 점이다.

집은 어떤 공간인가? 일단 아들을 애지중지하는 부모가 있는 공간이다. 귀한 자손이 아들이 원하는 것을 이룰 수 있도록 해 주고, 필요한 것을 제공해 주는 공간이다. 스스로 할 수 있는 것이 있지만 귀한 아들일수록 스스로 할 수 있는 일도 부모가 모두 해 줄 수 있다. 아이가 원하는 것을 모두 해 줄 때, 아이는 어떻게 되는지 우리는 '오은영'박사가 등장하는 많은 프로그램을 통해서 알 수 있다. 2022년 현재, 비연예인이지만 단연 인기 있는 전문가를 꼽자면 오은영 박사를 언급하지 않을 수 없다. 규칙을 제대로 제공하지 않을 때, 부모가 모두 수용적이기만 할 때 아이가 어떻게 자라나는지 오은영 박사가 등장하는 프로그램을 통해 쉽게 확인할 수 있다. 그 프로그램을 보면, "나는 저렇게 양육하지 않을거야."라고 생각하지만, 실제로 겨우겨우 얻은 귀한 자식이 있다고 할 때 정말 그 프로그램에 나오

---

6 방철수(남, 72), <삼정승 딸 얻은 총각>, 『한국구비문학대계』 5-7, 옹동면 설화 6, 276~84면.

는 사람들처럼 되지 않을 자신이 있는지 고민이 아니 될 수 없다. 이야기 안에서는 집에서 아이를 양육하면, 결과적으로 아들은 사람 구실을 하기 어려운 상태가 될 수 있다는 것을 상징적으로 나타내는 것으로 보인다. 애지중지 키워져 아무것도 할 줄 모르는 아들은 사회성을 기르지 못하여 제대로 된 삶을 살기 어려운 상태가 되는 것이다.

귀한 독자로 태어난 운명의 아들은 부모의 보호 속에 평탄한 생활을 할 것이라고 예상할 수 있다. 하지만 옛이야기에서 아들은 또 다른 운명 속에 존재하고 있다고 언급한다. 주어진 환경에서 아들이 계속 살게 될 경우, 아들은 죽을 수밖에 없다고 하였는데, 바로 '호환당할 운명'이다. 호환, 호랑이에게 잡혀 먹힐 운명이다. 호랑이에게 잡아먹힐 운명이라는 점은 잔인한 운명을 상징적으로 드러내는 설정이라고 할 수 있다. 옛사람들에게 가장 잔혹한 죽음은 호환당할 운명이었다. 고통스럽게 죽는다는 것을 보여주기 위해 호환당한다고 표현하고 있는 것이다. 아들이 '부모와 계속 살 경우, 죽게 될 운명'이라는 것이 서로 등치 된다. 이는 부모의 과한 사랑이 아들을 죽을 운명으로 내몰게 된다는 것으로 해석할 수 있다. 아들이 부모와 계속 살게 되면, 아들은 지속적으로 부모에게 과도한 애정을 받게 될 것이며, 애정은 집착으로 이어져 아들이 온전하게 살아갈 수 없게 만든다. 그렇게 되면 아들은 부모에게서 영원히 독립할 수 없을뿐더러 시간이 흐른 뒤에도 여전히 '아들'의 입장에만 머물게 될 것이다. 그리되면 누군가의 남자, 남편, 부모가 되어 살기는 어렵게 된다. 즉, 부모와 함께 살게 되면 죽을 운명이라는 말이다. 이를 반대로 치환하여 생각해 보면, 아들이 부모와 함께 살지 않아야 '죽을 운명'에서 다시 '살 수 있는 운명'으로 바뀐다고 볼 수 있다.

그러나 그런 잔인한 운명이라고 할지라도 사람들은 어떻게든 죽음을 피할 수 있는 방법을 찾고자 한다. 예를 들어 암에 걸려 3기 4기의 상태라고 하더라도, 일반 의학에서 대안이 없다고 하더라도, 미신에 매달려서라도 방법을 찾고자 한다. 이야기에서도 부모는 중에게 아들이 운명을 극복할 방법을 묻는다. 아무리 죽음이 예견되어 있더라도 정해진 운명을 그대로 받아들이기는 어렵기 때문이다.[7] 사람들은 당연히 죽음을 피할 길이 있을 것이라고 기대한다. 그리고 누군가에게 그 해답을 얻고자 한다.

죽을 운명이지만, 집 밖으로.

〈삼정승 딸 만나 목숨 구한 총각〉에서 중이 말해준 죽을 운명을 피할 수 있는 방도란 삼정승의 딸들과 맺어지는 일이다. 앞서서 언급하였듯 영의정, 우의정, 좌의정의 딸들과 한꺼번에 만나야 한다는 설정이기에 굉장히 어려운 일이라고 할 수 있다. 중은 현실적으로 삼대독자가 실현 불가능한 일을 제시한 것과 같다.[8] 그런데 아들이 삼정승 딸을 만나건, 중을 따라가든지 간에 결국 이야기에서 독자는 죽을 운명의 극복하기 위해서 자신이 살던 집을 떠나야만 했다. 여기서 아들은 삼정승 딸을 만날 방법은 모르지만, 집에서는 더 이상 문제를 해결할 수 없다고 판단하고 주체적으로 집을 나서는 것으로 되어 있다. 호환당할 운명에서 벗어나기 위해 이야기

7 다테이와 신야, 정효운·배관문 역, 『좋은 죽음』, 청년사, 2015, 161면.

8 소인호, 「연명설화의 연원과 전개 양상 고찰」, 『우리문학연구』 제12집, 우리문학회, 1999, 120면.

에서 아들은 '집'을 떠난다. 여기서 아들이 집을 떠난다는 것은 태어나자마자 자신에게 주어졌던 죽음의 운명, 즉 귀하게 키워지는 '주어진 환경'에서 벗어나 새로운 환경으로 나아감을 의미한다. 아들에게 있어 집 밖으로 나감은 부모에게서 벗어나 독립이 시작된 것이며, 운명에서 벗어나기 위한 첫걸음이라 할 수 있다.

집을 나선 아들이 처음 만나는 사람은 팥죽할머니이다. 팥죽할머니는 옛이야기에 간간이 나오는 인물상이다. 팥죽할머니의 집은 단순히 식당이라기 보다는 여관의 성격에 가깝다. 한 각편에서는 '대감집 앞을 갈라치면 꼭 폿죽(팥죽)장사가 있었다등만. 지금으로 말하면 여관이여'[9] 이라고 언급하기도 한다. 여관은 여러 사람들이 오고 가는 곳이다. 집에서 부모와 살던 아들이 집 밖으로 나와 간 곳은 가족과 전혀 다른 다양한 인간군상이 오고가는 공간이다.

"할머니 나(내)가 여그서 물도 질러 오고 불도 넣주고 헐 것잉께 좀 그래주면 어떠요?"그런께,

"아, 그러면 좋지. 우리 아들 노리(노릇)허고 그냥 그러면…."그러콤 히서 거그서 며칠간 헌게 괜찮거든? 그래서 일해. 거그서…. 따랐다 그말여. 저녁이 자는디, 일해 가던 중에 자는디, 큰애기가, 큰 큰애기가 한나 와.

"저 아이는 뉘기요?"근께,

"니로서는 동생뻘 될 것이다. 허닝께 남매간의 의를 오늘 저녁에사 맺이라."

---

9 배경순(남, 65), <단명(短命)한 소년이 정승딸을 만나 출세하다>, 『한국구비문학대계』 5-1, 산내면 설화 2, 81~89면.

그래 남매간의 의를 맺었다 그말여.[10]

위의 글에서 볼 수 있듯이 아들은 팥죽할머니의 집에서 물도 길어주고, 불도 넣어주며 산다. 물을 길어주고 불도 넣어주는 것, 그것들은 먹고 사는데, 생활하는데, 기초적으로 해야 하는 일이다. 그리고 내용에는 나오지 않지만, 손이 귀한 집안에서 곱게 자란 아들이 그동안은 하지 않았던 일일 것이다. 또한 아들은 일만 하는 것이 아니라 여관에서 사람들도 만났을 것이다. 아들은 난생처음으로 누군가의 밑에서 자연스럽게 일을 배우며, 사람을 대하는 법도 배우게 된다. 혈연으로 맺어진 일차적 관계에서 벗어나 새로운 사람들과 인간관계를 맺는 방법을 알게 된 것이다. 아들은 집을 떠나게 되면서, 다른 사람과 원만한 관계를 가지고 주변 환경에 잘 대처하는 사회성 행동을[11] 습득하고 있는 것이라고 할 수 있다.

사회성을 습득할 수 있도록 도움을 준 팥죽할머니와의 관계는 '이차적 관계'라고 할 수 있다. 이야기에서 아들과 팥죽할머니와의 관계는 매우 중요하다. 팥죽할머니는 아들이 집을 나온 후 아들에게 도움을 준 첫 번째 사람이며, 동시에 아들이 주체적으로 맺은 첫 번째 인간관계인 셈이다. 팥죽할머니와의 관계는 부모처럼 태어날 때부터 주어진 관계가 아니다. 이때 아들은 팥죽할머니의 '의붓아들'로 살게 된다. 혈연으로 맺어지진 않았지만 한 가족으로 살며 친가족만큼의 친밀감을 형성하였다고 볼 수 있다.

---

10 선수모(남, 81), <호식(虎食)할 팔자를 고친 사람>, 『한국구비문학대계』 6-4, 낙안면 설화 28, 705~711면.

11 고혜원·최해림, 「어머니로부터의 심리적 독립, 사회성과 교유관계」, 『人間理解』 제27집, 서강대학교 학생생활상담연구소, 2006, 19면.

아들의 새 양육자가 된 팥죽할머니는 할머니만의 방식으로 아들을 양육한다. 이는 친부모와 대비되는 지점이다. 이야기 〈삼정승 딸 만나 목숨 구한 총각〉에서 친부모는 아들이 죽을 팔자라는 말을 듣고도 아들을 선뜻 집 밖으로 내보내지 못했다. 하지만 이와 다르게 팥죽할머니는 자신의 품속에 아들을 가두려 하지 않았다. 아들의 사연을 듣게 된 팥죽할머니는 아들이 삼정승의 딸을 만날 수 있도록 도와준다. 팥죽할머니와 맺은 관계를 통해 삼정승 딸과 만날 수 있게 되는 계기가 마련되는 것이다. 팥죽할머니를 통해 순차적으로 삼정승 딸을 만날 수 있게 되는 네트워크의 형성이 시작된다고 할 수 있다. 이를 통해, 아들이 죽을 운명을 극복할 수 있게 되는 조건을 채우기 위해서는 아들이 맺은 이차적 인간관계가 크게 작용하고 있는 것을 알 수 있다.

죽음을 피하는 방법, 인적 네트워크.

이야기의 앞부분에서 대사는 아들이 호환당할 운명을 극복하려면 '삼정승의 딸'과 결연해야 한다고 구체적으로 방법을 전달하였다. 세 명을 만나야 하는 것은 그만큼 많은 여성을 접해야 한다는 것을 의미한다. 이 이야기를 처음 접하는 사람은, "아니, 그럼 한 남자랑 여러 여자랑 만나라는 말이야?"라고 하며 거부감을 드러낼 수 있다. 실제로 필자가 이 이야기를 가지고 갔더니 한 선생님이 극렬한 비판을 하기도 하였다. 옛이야기는 요즘 세상에는 맞지 않는다고 말이다. 그런 구태의연한 이야기들을 전달하면 안된다고 단적으로 이야기하였다. 다른 연구들에서도 그러한 비판이

끊이지 않는다. 삼정승 딸은 남자의 현실적인 욕구를 실현하게 해주는 매개자이며, 아들이 삼정승 딸과 혼인하는 것은 다남과(?) 가문의 번성을 이루고자 하는 욕망의 표현이라고 보았다.[12] 삼정승 딸의 등장과 아들의 혼인을 가부장적인 맥락에서 해석한 것이라고 볼 수 있다. 그런데 아들이 지체 높은 집안의 세 명의 여성과 혼인하는 것이 사회적 성공을 위한 발판이라고만 한다면, 현대사회에까지 이 이야기가 왜 전해졌을까 의문이 들지 않을 수 없다. 일부일처제를 법적으로 정해 놓은 현대 사회에서 이 이야기의 필요는 당연히 없어진다. 여기에서 이야기의 전승 원인, 어떤 것을 전달하고 싶어서 이야기가 사라지지 않고 지금까지 전해졌을 것인지 실제로 삼정승의 딸들을 만나는 장면으로 들어가 보자.

아들은 팥죽할머니를 만나고, 팥죽할머니의 딸과 의남매까지 맺게 되었다. 삼대독자인 아들은 타인을 도와주며 살고, 그 사람들과 긴밀한 관계를 맺는 방법을 확인할 수 있게 된 것이다. 그런데! 우연치 않게 팥죽할머니의 딸이 정승 집에서 일해주고 있는 상태였다. 아들이 아주 집을 잘 찾아간 것이다. 그런데 만일 팥죽할머니의 딸이 정승집에서 일하지 않았다면, 아들이 삼정승 딸을 만나지 못했을까? 필자는 그리 생각하지 않는다. 집 밖으로 나가 자신의 운명에 대처하려고 몸부림치던 아들은, 누구를 통해서라도 어떤 방식을 통해서라도 삼정승의 딸을 만났을 것이다. 자신의 사연을 적극적으로 타인에게 말하며, 도움을 구하는 사람을 누가 져버릴 수 있겠는가. 이러한 아들의 모습은 삼정승 딸을 만나고 나서도 이어진다.

이야기에서 아들의 실질적인 문제 해결은 아들이 삼정승의 세 딸 중

---

12 정재민, 『한국 운명설화 연구』, 제이엔씨, 2009, 179면.

한 명과 만나 자신의 사연을 이야기하면서 시작된다. 정승 딸은 아들의 사연을 듣고 아들을 자신의 집 '궤' 혹은 '벽장'에 숨긴다. 궤와 벽장 등은 집안에서 가장 은밀한 곳으로, 아들을 찾기 어려운 곳에 꽁꽁 감추겠다는 것을 의미한다. 이후 아들은 삼정승 딸과 함께 밥을 먹고 잠을 잔다. 팥죽할머니와 관계를 맺은 것처럼 아들은 혈연으로 맺어진 관계가 아니었음에도 삼정승 딸들과 한 식구처럼 살며, 가족 이상의 친밀감을 형성한다. 그런데 아들이 삼정승 딸과 맺는 이차적 관계와 팥죽할머니와 맺었던 이차적 관계는 서로 다른 양상이라고 할 수 있다. 아들이 여관인 팥죽할머니의 집에서 그동안 경험해보지 못한 일반적인 대인관계를 배웠다면, 삼정승의 집에서는 남녀관계를 알게 된다. 즉 팥죽할머니와의 일반적인 이차적 관계와 삼정승 딸과의 관계, 두 가지 서로 다른 인간관계 맺기 양상을 습득하게 되어, 결국 다양하게 관계를 맺는 방법을 배우게 된다. 특히, 남녀관계는 남자와 여자의 성에너지를 기반으로 맺어지기 때문에 팥죽할머니와는 또 다른 맥락에서 이차적 관계가 형성되는 것이다.[13] 이는 아들이 집 안에서 누구의 눈에도 띄지 않는 은밀한 곳에 숨어 있다는 설정과도 관련이 있다고 하겠다.

앞서 언급한 바와 같이 아들은 한 명이 아닌, 삼정승의 세 딸들과 관계를 형성한다. 아들이 삼정승 세 딸과 동시에 관계를 맺는다는 것은 사실상 불가능하다. 그런데도 아들은 세 명의 여자와 관계 맺는 것을 포기하지 않았다. 아들은 팥죽할머니, 팥죽할머니의 딸, 한 정승의 딸, 삼정승의 딸

13 남녀서사는 선택의 문제인데, 이 선택의 문제에서 놓쳐서는 안 될 것이 '성에너지'이다. (정운채, 「문학치료학의 서사이론」, 『문학치료연구』 제9집, 한국문학치료학회, 2009, 259면.

과의 관계를 순차적으로 맺는 과정을 통해 결국 죽을 운명을 극복하였다. 이차적인 관계, 특히 결연되기 어려운 삼정승 딸까지 관계를 맺는 모습을 보여준다. 중이 앞서 귀하게 자란 아들이 죽음을 극복하려면 삼정승 딸과 결연해야 한다고 하였는데, '세 정승의 딸들'과의 결연은 바로 '인적 네트워크 구축'의 상징적인 모습이라고 할 수 있다. 이차적 관계형성은 자연스레 사회성을 길러 주고 인적 네트워크를 구축하는 능력의 습득을 가능하게 하여 죽음의 운명에서 탈출할 수 있게 하였다. 다시 말해 옛이야기 〈삼정승 딸 만나 목숨 구한 총각〉에서 아들은 집을 나와 팥죽할머니와의 관계를 시작으로 불가능해 보이는 세 명의 여성과 남녀관계를 맺게 되면서, 기존과 다른 더욱 확장된 관계를 구축하며 관계가 넓고 두텁게 형성되는 과정을 잘 보여준 것이라 할 수 있다. 여기서 아들과 삼정승 딸과 만났다는 것은 남자 한 명이 여러 여자를 거느린다는 가부장적 사고가 투영된 것이 아닌, 아들의 관계 맺음의 능력이 뛰어났다는 것을 상징적으로 나타낸 것이라고 하겠다.[14]

그러나 아들이 삼정승 딸을 만났음에도 호랑이가 아들을 찾아온다. 그리고 곧 위기 상황에 부닥치게 된다. 아들의 죽을 운명이 '호환'이라고 설정된 것은 죽음 중에서도 가장 잔인한 방법으로 죽게 될 것을 의미한다. 호환당하는 것은 자기 살점이 뜯겨 나가는 것을 보면서 고통스럽게 서서히 죽어가는 것으로, 예로부터 가장 공포스러운 죽음을 보여주고자 할 때

---

14 신동흔은 <옥루몽>에서 양창곡과 세 첩의 관계를 일부다처제의 봉건적인 사고로만 판단하는 것이 어렵다고 본다. 그 안에는 지기의 만남, 즉 '수평적이고 동지적인 만남'이 이루어지는 관계의 속성을 가지고 있다. 본 연구에서도 같은 맥락에서 삼정승 딸과 아들의 관계는 지기의 만남으로 보고자 한다. (신동흔, 「<옥루몽>과 정명의 철학, 그리고 치유」, 『국어국문학』 176, 국어국문학회, 2016.)

나타나는 설정이다. 즉, 호랑이한테 죽임을 당한다는 것은 그만큼 험한 팔자를 가지고 태어났다는 것을 의미하며, 십중팔구 죽음을 모면할 수 없는 상황에 놓인다는 말이 된다.[15] 그러니까 호환을 당한다는 것의 의미는 인생에 있어서 가장 큰 위기가 찾아옴을 뜻하는 것이다.

이때 인생의 가장 큰 위기를 몰고 오는 호랑이는 폭력과[16] 피하기 어려운 거대한 힘을 상징한다. 호랑이의 존재를 어둡고 무서운 사회의 표상이라고 보는 것이다. 이렇게 호랑이를 표리부동한 사회의 무서움이라고 할 때, 호랑이는 내가 어떠한 상황에 놓여 있더라도 찾아올 존재이다. 신동흔은 설화에서 호환을 피하는 방법으로 아들이 부모의 집을 떠나 밖으로 나가야 한다고 제시된 것은 운명이란 피하는 것이 아닌, 부딪히는 것이라는 점을 강조하기 위함이라 밝힌 바 있다.[17] 만약 아들이 자신이 태어난 집, 그 공간에서 벗어나지 못한 채 고립되었다면 훗날 육체는 장성하게 되었을지언정 호랑이를 만나 잡아먹히게 되었을 것이다. 반면, 호환당할 운명에 대항하여 집을 박차고 나오게 된다면, 무서운 사회의 상징인 호랑이에 대처하는 능력을 키울 수 있게 된다.

집 안에 있던 아이는 성장하여 집 밖으로 나가게 된다. 그런데 사회는 무서운 호랑이와 같다. 집 안에 있을 때에는 부모가 아이를 보호하여 주지

---

15 신동흔, 『왜 주인공은 모두 길을 떠날까?』, 샘터, 2014, 118면.

16 라인정, 「구비설화에 나타난 호랑이의 성격 고찰」, 『어문연구』 제18집, 어문연구학회, 1988; 김수연, 「호랑이담에 나타난 여성의 욕망」, 『동악어문학』, 동악어문학회, 2009; 임재해, 「설화에 나타난 호랑이의 다중적 상징과 민중의 권력 인식」, 『실천민속학연구』 제19호, 실천민속학회, 2012; 김혜미, 「호랑이 설화의 문학치료학적 해석을 통한 제3자(방관자)의 학교폭력예방교육 사례 연구」, 『인문과학연구』 제55집, 강원대 인문과학연구소, 2017.

17 신동흔, 『왜 주인공은 모두 길을 떠날까?』, 샘터, 2014, 118면.

만, 집 밖으로 나갔을 때에는 자신을 부모와 같이 보호해 줄 사람이 없다. 집 밖으로 나가게 되면 스스로 보호해야 하는 능력을 길러야만 한다. 아이가 죽음과도 같은 힘든 사회를 경험하게 됨에 따라 스스로 보호하는 능력을 여러 가지 습득할 수 있지만, 본 옛이야기에서는 그것이 '인적 네트워크'라고 언급하고 있는 것이다. 인적 네트워크를 통해 자기 삶의 영역을 넓혀 자신의 보호막을 스스로 만들어 내는 것이다.

사람이 태어나서 스스로 무언가를 할 수 있는 것에는 한계가 있다. 자기 자신은 잘 하는 일이지만, 타인은 서툰 일, 반대로 자기 자신에게는 서툰 일이지만 타인에게는 익숙한 일이 있다. 인적 네트워크는 자신에게 부족한 점을 타인을 통해 채울 수 있는 기반이 된다고 할 수 있다. 이 또한 사회성의 한 형태이며, 무서운 사회로부터 자신을 지킬 수 있는 힘이 된다.

〈삼정승 딸 만나 목숨 구한 총각〉은 호랑이와 같은 무서운 사회가 닥쳐왔을 때, 자신을 지켜주는 존재가 혈연으로 맺어진 일차적 관계에 속하는 원가족일 수도 있지만, 이차적 관계로 형성된 아내, 남편, 친구일 수도 있다는 것을 강조한다. 이는 삶에서 내가 누구와 어떤 관계를 맺으며 살아왔는가가 중요하다는 것을 보여주고자 함이다. 거대한 사회의 힘이 삶의 어려움으로 닥칠 때, 다시 일어설 수 있느냐 없느냐의 관건은 그동안 맺었던 '인적 네트워크의 구축'을 통해 자기 삶의 영역이 확대되고 있는 상황이라고 할 수 있다.

이야기는 호식을 당하게 될 운명을 가지고 태어난 삼대독자가 죽을 운명을 바꾸기 위해 집을 떠나게 되면서 호랑이라는 무서운 사회에 대항할 수 있게 되는 내용을 그리고 있다. 아들은 호식 당할 운명이라는 것을 알게 된 후 집을 떠나 팥죽할머니의 공간으로 이동하고, 또 삼정승 딸의 공간을 거쳐 다시 자신의 집으로 돌아온다. 그리고 집을 나간 아들은 중을 따라 다니며 여러 번의 공간 이동을 거쳐 호환당할 운명에서 벗어날 수 있었다. 즉, 아들이 이리저리 공간을 옮겨가며 이동했기 때문에 정해진 운명에 대항할 만한 변화를 불러 왔다고 볼 수 있다. 이를 통해 고정된 운명의 변화를 꾀하기 위해서는 스스로 움직여야만 한다는 사실을 이 이야기를 통해 다시 한번 확인할 수 있다.[18] 이러한 이동을 통해 아들은 팥죽할머니, 정승 딸, 또 다른 정승들의 딸로 이어지는 '인적 네트워크'를 형성하며, 무서운 사회에 대처하는 능력을 기를 수 있었다. '인적 네트워크'를 형성하는 능력은 무서운 사회에서도 이를 잘 대처하고 살아갈 수 있는 능력, 즉 사회성을 획득하는 방법이라고도 할 수 있다.[19] 이야기에서 보여주고 있

18 신동흔, 『왜 주인공은 모두 길을 떠날까?』, 샘터, 2014, 23면.

19 사회성이란 현대사회에서 조화로운 사회의 구성원으로 살아가기 위해서 꼭 필요한 능력이다. (홍종원·최영희, 「어머니의 양육태도에 따른 유아의 사회성 발달의 관계

는 죽음 극복의 양상은 사회적 인간으로 다시 태어날 수 있게 해 주는 방법을 상징적으로 제시함으로써 옛이야기가 현재까지 우리에게 필요한 서사로 남아있음을 확인할 수 있게 한다.

연구」, 『한국상담심리교육복지학회지』 2권 2호, 한국상담심리교육복지학회, 2015, 81면.)

이야기,
삶을 통하다

03 죽어야, 산다.

태어나면, 죽어야 한다.

어렸을 때 봤던 흥행 헐리웃 영화 중에 〈죽어야 사는 여자〉라고 있었다. 제목이 참 이상했다. 그런데 진짜로 죽어야 자신이 원하는 대로 살 수 있었던 내용이었다. 그들이 원하는 것은 영원한 젊음이었고, 이를 유지하기 위해서 죽어야만 했다. 영화에서는 죽어야 산다고 했지만, 사실 우리는 모두가 죽는다는 것은 너무 엄연한 사실이기 때문에 새로울 일은 아니다. 그럼에도 우리는 정말 죽음에 대해 생각하고 살고 있느냐고 물으면, 그것은 아니다. 우리는 무엇을 통해 죽음에 대해 고민해 볼 수 있을까? 다양한 계기에 의해서 가능하겠지만, 여기에서는 역시 옛이야기를 통해 죽음에 대해 다시 되돌아보고자 한다. 지속적으로 죽임을 당하지만, 계속 다른 모습으로 환생하는 이야기를 나누고자 한다. 환생담은 앞서 〈콩쥐와 팥쥐〉에서도 잠시 다룬 바가 있다. 더 적극적으로 새로 태어남의 의미를 종교적이 아닌, 새로운 시선으로 바라보고, 죽음에 대해 다시 이해해보는 시간을 갖도록 하고자 한다. 이제 옛이야기 〈환생한 송아지 신랑〉, 어떤 이야기인지 함께 들어가 보자.

옛날에 한 남자에게는 큰 마누라, 작은 마누라가 있었어요. 남자는 나라에서 지방 감사로 2년 동안 떠나있게 되었어요. 남자는 지방으로 떠나기 전 큰 마누라가 임신한 것을 알고 아들을 기대하여 떠났답니다.

남자가 집을 비운 사이, 역시 큰 마누라는 아들을 낳았어요. 작은 마누라는 그 아들 때문에 자신의 입지가 좁아질 것 같았어요. 그래서 작은 마누라는 꾀를 내었답니다. 작은 마누라는 큰 마누라에게 술이나 마시며 하루 놀자고 하였어요. 큰 마누라가 좋다고 하자 작은 마누라가 자신은 약한 술만 먹고 큰 마누라에게는 독주만 먹였어요.

큰 마누라가 술에 취해 곯아떨어지자 작은 마누라는 갓 태어난 어린아이를 연못에 던져 죽여 버렸어요. 그러고나서 본인도 자는 척을 했어요. 큰 마누라가 잠에서 깨어 보니 아이가 없어 여기저기 찾아보았어요. 하지만 결국 아이를 찾을 수 없었답니다.

2년이 지나, 임기를 끝낸 남자가 돌아와 아이를 찾았어요. 그런데 사람들은 아이가 어디로 갔는지 모르겠다고 했어요. 답답한 마음에 남자가 연못에 가서 세수를 하자 청개구리가 남자의 손으로 올라오는 것이 아니겠어요. 청개구리는 남자의 손바닥 위로 올라가 울었어요.

"애기, 애기, 애기"

"이상하다. 청개구리가 애기애기하며 울다니."

남자는 청개구리를 물에다가 넣었어요. 그랬더니 청개구리는 다시 나와서 남자에게 다가가고, 그래서 또 물에 넣으면 또 도로 자꾸 남자에게로 나오는 것이었어요. 둘째 마누라가 그 모습을 유심히 지켜보니 청개구리가 그냥 청개구리가 아니라, 자신이 연못에 던져 죽인 아들의 환생인 것 같았어요. 그래서 둘째 마누라는 청개구리를 잡아다 땅에 묻어 버렸어요.

얼마가 지나, 청개구리를 묻은 장소에서 피가 더북하게 자랐다. 피는 벼과에 속하는 일년생 식물이에요. 벼랑 비슷하게 생겼어요. 그런데 피가 화초같이 예쁘게 자라자 남자가 피를 귀하게 여겼어요. 그것을 본 둘째 마누라는 아들이 피로 환생했다고 생각했어요. 둘째 마누라는 피를 베어 암소에게 먹여버렸어요.

또 얼마가 지나 암소가 송아지를 낳았는데, 남자가 송아지를 엄청 위해 주는 것이었어요. 그것을 본 둘째 마누라는 아들이 송아지로 환생했다고 생각했어요. 둘째 마누라는 갑자기 아픈 척을 하며 송아지 간을 내어 먹어야 낫는다고 하였어요. 남자는 어려울 것이 없다며 하인을 시켜 송아지를 잡아 간만 내어다가 주고, 고기는 백정에게 먹으라고 하라고 했어요.

하인이 백정에게 가니 백정은 집에 없고, 백정의 어머니만 있었어요. 백정의 어머니는 백정이 오면 송아지를 잡아다가 간을 내어 보내주겠다고 하였어요. 하인이 떠나고, 백정의 어머니가 송아지를 보게 되었는데 송아지가 눈물을 뚝뚝 흘리고 있었어요. 백정이 돌아오자 백정의 어머니는 송아지의 간만 내어 보내면 되는데, 송아지가 우는 것이 불쌍하니, 개의 간을 내어 주고, 송아지는 보내주자고 했어요. 백정이 어머니의 말 대로 송아지를 풀어주자 송아지는 자유롭게 가고 싶은 곳으로 다녔어요.

한편, 서울에서 어느 지체 높은 양반이 사위를 구하는데, 짚으로 북을 안들어 놓고 북을 쳐서 소리가 나면 사위로 삼는다는 방을 써 붙였어요. 아무도 짚으로 만든 북을 칠 수는 없었답니다. 그런데 지나가던 송아지가 짚으로 만든 북에 뿔을 비볐더니 북에서 둥둥둥 소리가 나는 것이었어요. 양반이 북 소리를 듣고는 하인에게 북 치는 사람을 불러오라고 하였어요. 하인이 나가보니 송아지가 북에 비빔질을 하고 있었고, 거기에서 소리가 나는 것이었어요.

하인이 양반에게 송아지를 끌고 오며 북을 친 것은 사람이 아니라 송아지였다고 했어요. 양반은 약속은 약속이라며 송아지를 사위로 삼았답니다. 하지만 신부는 아무리 아버지 명령이지만 송아지와 결혼을 하는 것이 말이 안 된다고 생각했어요. 그러나 아버지의 말을 거역할 수 없어서 첫날밤에 함께 잤어요. 그러고나서 신부는 송아지와 결혼했다는 사실에 비관하여 죽으려고 했답니다. 그런데 갑자기 송아지가 말을 하는 것이었어요.

"결혼을 했으면 재미있게 살아야지 왜 죽으려고 합니까?"

말을 하는 송아지를 보며 신부는 깜짝 놀랐답니다. 송아지는 신부에게 칼과 세숫대야를 가져다 달라고 했어요. 신부가 가져다 주자, 송아지는 갑자기 자기 목을 칼로 찌르는 것이었어요. 그런데 송아지는 죽지 않고 송아지 허물을 벗고 사람이 되었답니다. 아들은 하늘에서 내려준 사람처럼 잘난 모습이었어요. 신부는 세상에 태어나서 그렇게 잘 생긴 남자를 처음 보았고 밤새도록 두 사람은 재미나게 이야기를 하였답니다.

아침이 되자 아들은 다시 송아지 허물을 뒤집어쓰며 자신이 허물을 벗었다는 이야기를 사람들에게는 하지 말라고 당부했어요. 삼일 동안 아침마다 아들은 송아지 허물을 쓴 채 장인, 장모에게 문안 인사를 드렸답니다. 장인, 장모는 송아지 사위의 인사를 그대로 받았어요.

아들은 삼일 째 되는 날 저녁에 장인, 장모에게 허물을 벗고 찾아가 절을 했어요. 장모는 어느 집 잘생긴 양반이 와서 절을 하느냐고 물었어요. 아들은 자신이 송아지였는데, 이제 허물을 벗고 살아도 되기에 그렇게 했다고 이야기했어요. 신부의 집에서는 허물을 벗은 아들의 모습을 보고 아주 좋아하였답니다.

아들은 하인을 앞세워 신부를 데리고 자기 집으로 신행길을 갔어요. 신행을 보자 아들의 아버지는 자신은 자식이 없어 신행이 올 리가 없는데, 이상하다고 생각했어요. 아들은 아버지에게 가서 자신이 둘째 마누라에 의해 죽은 아들이라고 했어요. 그리고 아버지에게 세 번이나 죽은 이야기를 했답니다. 아버지는 둘째 마누라를 널에 넣어서 죄의 항목을 써 붙이고 육포를 떠 죽였어요. (정운채 외, 『문학치료 서사사전』3, 문학과 치료, 2009. 참고)

옛이야기 〈환생한 송아지 신랑〉에서 아기는 태어나자마자 죽는다. 그런데 한 번 죽는 것이 아니라 세 번이나 죽는다. 그럼에도 아이는 지속적으로 다른 모습으로 다시 태어난다. 자꾸만 다시 태어나는 것을 보면 죽음을 극복한 것이 아닌가 생각해 볼 수도 있다. 신이한 인물이어서 죽음을 바로 극복하는 것일까?

하지만 보통 이러한 내용은 계모형 설화의 구조를 따른다고 볼 수 있다. 대부분 둘째 부인이 첫째 부인의 아들을 죽이려고 하기 때문이다. 하지만 특징적인 것은 첫째 부인이 죽지 않고 살아있다는 점이다. 그에 따라 옛이야기 〈환생한 송아지 신랑〉에서 확인할 수 있는 기본적인 인간관계는 아버지, 어머니, 아들이라고 할 수 있다. 옛이야기의 특성상 다양한 각편이 나타나는데 그 각편에 따라 어머니는 두 명 내지는 세 명으로 나타난다. 두 명의 어머니 중 한 명은 아들을 낳은 친어머니이며 한 명은 아들을 해치려고 하는 어머니이다. 각편에 따라 친어머니는 아들을 낳고 아무런 양육을 하지 않는 모습을 보이거나 다른 아내들에게 모함을 받아 귀양을 가는 모습으로 나타나기도 한다. 친어머니는 아들을 양육할 수 있는 기회를 박탈당한 상태이며 이로 인해 아들은 위험한 상황에 노출된다.

그런데 아들을 해치려고 하는 또 다른 어머니는 환생하는 아들을 지속적으로 먼저 알아보고 죽이는 역할을 한다. 그 누구보다 먼저 환생한 아들을 알아본 어머니의 모습은 계모라기보다는 친어머니의 또 다른 모습으로 볼 수 있다. 즉 설화에서 나타나는 어머니는 아들이 환생할 때마다 아들을 죽이려고 하는 모습을 통해 폭력적인 양육을 하는 나쁜 어머니의 형상으로[20] 파악할 수 있는 것이다. 방임과 폭력을 자행하는 어머니 아래에서 아들은 스스로 살기 위한 궁리를 해야만 한다. 아들은 나쁜 어머니가 자신을 죽일 때마다 새로운 모습으로 환생을 하게 되는데, 환생은 바로 아들이 나쁜 어머니에게 대항하여 스스로 살기 위한 궁리를 보여주는 것이라고 할 수 있다.

계모는 누구인가? 앞서 〈콩쥐와 팥쥐〉에서도 확인하였듯이 나쁜 어머니의 상징이라고[21] 할 수 있다. 그렇다면 나쁜 어머니에 의해 죽임을 당하는 어머니는 어떤 상황에 처해 있는 것일까? 그를 통해 이야기에서 전달하

---

20 우진옥, 『고전서사 속 '나쁜 엄마'의 유형과 자녀의 대응에 대한 연구－계모설화를 중심으로 한 문학치료학적 고찰』, 건국대학교 석사학위논문, 2015.

21 우진옥, 「고전서사 속 '나쁜 엄마'의 유형과 자녀의 대응에 대한 연구－계모설화를 중심으로 한 문학치료학적 고찰」, 건국대학교 석사학위논문, 2015.

고자 하는 것은 무엇인지 고민하게 한다. 어찌 생각해 보면, 나쁜 어머니와의 관계를 통해 죽음을 맞이하고 환생을 하는 아이는 나쁜 어머니의 영향을 받아 그대로 나쁜 아이가 되고 말 것인지, 혹은 나쁜 어머니를 극복하고 더욱 크게 성장할 수 있을 것인지 작품을 통해 확인해 보고자 함이라고 볼 수 있다. 부모와의 관계를 해결해 주는 아이의 성장담은 어느 시대에나 필요하다. 이때 옛이야기의 내용을 인간관계에 중점을 두고 살펴보기 위하여 문학치료학 관점에 기대어 보고자 한다. 문학치료학은 우리 삶에서 인간관계를 맺는 주체들이 어떻게 관계를 형성하며, 형성된 관계 속에서 나타나는 다양한 사태들을 이해할 수 있게 하는 학문이다. 즉 문학치료학은 무엇보다 사람들이 맺는 인간관계를 매우 중요하게 여긴다.[22] 폭력적인 어머니에게 대항하기 위한 자녀의 관계 맺기 방식을 고찰하는 것은 작품이 이야기하고자 하는 바를 심층적으로 확인할 수 있게 한다. 또한 옛이야기를 통해 부모와의 관계의 어려움을 극복하는 성장 모형을 제공해 주는 일은 설화의 현대적 필요성을 더함과 동시에 아동·청소년의 성장 과정에 있어 직접적인 도움을 줄 것으로 예상한다.

죽어야, 새로운 내가 된다.

환생이라고 하면 어떤 생각이 드는가? 실제로는 있을 수 없는 일이다. 그런데 우리의 많은 이야기에서는 환생담을 전하고 있다. 그렇다면 환생

---

22 김혜미, 「폭력서사의 진단 및 개선을 위한 문학치료 프로그램 연구」, 건국대학교 박사학위논문, 2017, 34면.

을 통해 전하고자 하는 바가 있을 것이다. 여기에서는 환생을 통해 어떤 삶의 양태를 보여주고자 하는지 함께 살펴보고자 한다. 환생을 하려면 먼저 죽어야 한다. 그렇다면 죽음과 새로 태어남의 상관관계가 있을 것으로도 함께 생각해 볼 수 있다.

아들은 이야기에서 환생을 할 때마다 매번 어머니와 관계 맺는 양상이 달라진다. 보통 환생을 소재로 한 옛이야기에서의 환생은 일회적으로 나타나는 것이 대부분이다.[23] 그러나 〈환생한 송아지 신랑〉 각편에서 아들은 세 번을 환생하게 되며 이때에는 식물, 동물 등 다양한 모습으로의 환생을 거쳐 다시 사람이 되는 변신순환구조를 지니고 있다.[24] 작품에 나타나는 축생의 전생은 본디 인간이기 때문에, 작품 속에서 동물로 등장하였다고 해도 사람과 같이 생각하는 것이 원칙이다.[25] 즉 환생한 대상이 가지고 있는 속성은 인간이 가지고 있는 한 면모로 볼 수 있는 것이다. 그리하여 매번 환생하여 바뀌는 모습에 대한 고찰은 사람이 어떠한 이유로 또 다른 모습으로 바뀌고자 하는지 알 수 있게 한다. 이에 먼저 아들이 탄생한 후 죽어 환생하는 변신하는 모습을 정리해서 보면 다음과 같다.

엄마의 자궁 속 ► 갓난아이 ► 청개구리 ► 피 ► 송아지 ► 사람

---

23 최운식, 『한국설화연구』, 집문당, 1991, 279면.

24 최운식, 「「금송아지 설화」 연구」, 『한국민속학』 35, 한국민속학회, 2002, 203면.

25 사재동, 「「금송아지전」의 연구」, 『先淸語文』 23, 서울대학교 국어교육과, 1995, 547면.

아들의 탄생, 죽음, 환생의 과정은 옛이야기 〈환생한 송아지 신랑〉의 핵심적인 부분이라고 할 수 있다. 여기에서는 아들을 중심으로 〈환생한 송아지 신랑〉을 아들의 탄생 전(자궁 속), 갓난아이, 청개구리, 피, 송아지, 사람으로 환생하는 각각의 의미를 함께 고심해 보고자 한다. 태어날 때마다 다른 모습으로 환생하는 아들의 속성을 파악하는 과정을 통해 설화가 의미하는 것을 깊이 있게 이해할 수 있을 것이다.

먼저 탄생 전, '엄마의 자궁 속'에 있는 아들이다. 어머니의 자궁 속에 있을 때 아들은 '물'의 공간에 있다고 할 수 있다. 물은 근원이자 원천으로서, 모든 존재의 가능성이 저장되어 있는 장소이다. 또 물은 모든 형태에 선행하며 모든 창조를 받쳐준다.[26] 자궁 속에 있을 때 아들은 물의 공간 안에서 물을 통해 창조된 것이다.

이 때 자궁 속에 있는 아들은 '태아'의 상태로 볼 수 있다. 태아는 모체 안에서 자라고 있는 어린 생명체를 의미한다. 태아인 아들은 어머니에게 완전하게 속해 있는 존재라고 할 수 있다. 어머니에게서 벗어날 수 없으며, 벗어나게 되면 그것은 곧 죽음을 의미한다. 어머니가 어떤 성향인지, 어떤 모습인지는 중요하지 않다. 태아의 상태인 아들은 어머니가 어떠한 모습을 하고 있더라도 그 안에 속해 있어야만 한다.

이야기에서 어머니는 두 사람으로 분화되어 나타난다. 자신을 품고 있는 어머니와 자신이 태어나자마자 죽이려고 하는 어머니이다. 앞서 언급하였듯 두 명의 어머니는 각각의 존재가 아니라 한 명의 어머니가 가진 두 가지 면모로 볼 수 있다. 특히 아들을 죽이려는 두 번째 어머니는 베텔

26 미르치아 엘리아데, 이재실 역, 『이미지와 상징』, 까치글방, 1998, 165면.

하임이 언급한 바와 같이 계모라는 상징을 통해 폭력적인 형상의 어머니로 나타나고 있다.[27]

그런데 아들이 나쁜 어머니에 의한 폭력 위기 상황에 봉착하게 되는 가장 큰 이유는 '아버지의 부재' 때문이다. 아버지는 임신한 첫째 아내를 두고 타지로 출타하여 오랫동안 가정에서의 자리를 비우게 되었다. 이야기에서는 굉장히 구체적으로 비워진 시간에 대해 언급한다. 2년의 시간은 아이가 태어나서 부모의 손이 가장 필요한 시기라고 할 수 있다. 이 시기의 아버지의 부재는 어머니가 행하는 비합리적 양육을 제어할 수 없게 되어 큰 파장을 일으킨다. 즉 아버지의 부재로 인하여 아들은 어머니의 뱃속에 있을 때부터 제대로 된 양육을 받을 수 없는 상태에 봉착하게 된 것이다.

아버지가 부재한 위기의 상황에서 아들은 태어나게 된다. 아버지의 양육이 가장 필요한 결정적 시기를 놓치게 된 것이다. 이는 아들이 '갓난아이'의 상태에 있을 때를 통해 확인할 수 있다. 첫째 어머니가 술을 마시다가 아기의 행방을 모르는 모습은 양육자의 방임으로 볼 수 있다. 또한 둘째 어머니는 첫째 어머니가 술에 취한 틈을 타 아기를 죽여 버린다. 양육자로서 아무것도 하지 않은 채 방관하는 첫째 어머니는 간접적인 폭력을 행사하는 것을 의미한다. 또한 아기를 자기 손으로 내던지는 둘째 어머니는 직접적인 폭력을 행사하는 것으로 볼 수 있다.

이때 '아기'의 상태에 있는 아들은 어머니의 뱃속에서 막 나온 존재이다.

---

27 엄마는 모든 것을 주는 보호자이지만, 자녀가 원하는 어떤 것을 거절할 때에는 매정한 계모의 모습으로 바뀌기도 한다. (브루노 베텔하임, 김옥순·주옥 역, 『옛이야기의 매력』 1, 시공주니어, 2006, 111면.)

아기는 아직 '물'의 공간에서 벗어나지 못한 상태라고 할 수 있다. 아기는 태어나는 순간부터 어머니와 다시 연결되기를 바란다.[28] 아기는 어머니에게 속해 있어, 어머니가 하나부터 열까지 챙겨주기를 바란다. 물론 아기일 때는 태아일 때보다 어머니의 영향력이 덜 하다고 볼 수도 있다. 태아일 때는 어머니에게 육체적으로 종속되어 있지만 아기일 때는 어머니에게서 육체적으로는 분리되어 있기 때문이다. 하지만 아기가 어머니에게서 육체적으로 분리되었다고 해도 아기는 어머니가 죽이고자 하면 죽을 수밖에 없는 존재이다. 아기일 때에는 절대적인 어머니의 힘이 자녀에게 강력하게 작용하는 시기인 것이다.[29]

이야기에서도 아기는 둘째어머니에 의해 죽임을 당할 때 아무것도 할 수 없는 모습으로 나타난다. 이 시기의 인간은 하나의 독립된 개체라고 하기는 어렵다. 자신이 주체적으로 판단하고 생각하여 무언가를 결정하지 못하는 상태인 것이다. 부모와 자신을 하나로 인식하고 부모에게 속한 채 분리-독립이 어려운 상태라고 할 수 있다. 이 때의 분리-독립은 '심리적 독립'을 의미한다. 심리적 독립은 부모와의 의존적 유대, 결속 관계에서 벗어나 자율적인 관계를 맺고 사고와 행동의 개별적인 자유를 획득하는 것을 말한다.[30] 아들이 폭력적인 어머니에게서 벗어나기 위해서는 심리적

---

28 알프레드 아들러, 정영훈 엮음, 신진철 옮김, 『가족이란 무엇인가』, 소울메이트, 2015, 143면.

29 자식의 입장에서 부모는 엄청난 존재이다. 그 부모가 나를 돌봐주지 않으면 나는 죽을 수밖에 없다. 부모의 보호 없이는 제 아무리 뛰어난 장수라 하더라도 죽을 수밖에 없다. <아기장수>가 바로 그 문제를 다루고 있다. 장수인데도 불구하고, 그렇게 뛰어난 능력을 선천적으로 타고났는데도 불구하고, 부모가 돌봐주지 않는 한 그 아이는 성공할 수 있다. 그만큼 부모의 존재는 엄청난 삶의 조건이고, 이것은 인류가 자연에 대해서 갖는 위협감과도 마찬가지이다. (정운채, 「문학치료학의 서사이론」, 『문학치료학의 서사이론』, 문학과치료, 2015, 16면.)

독립을 획득해야 가능하다. 즉 아들이 주체적으로 살아갈 수 있는 사람이 되고자 한다면 어머니에게 속하여 있는 상태인 '아기'인 채로는 어렵다.

아기는 어머니의 분리와 방치, 억압과 미움 속에서 죽음을 경험하게 된다. 아직 어머니에게 속한 아기는 새로운 모습으로 스스로 변할 수 있는 능력은 없다. 새로운 모습으로 다시 태어나는 과정에서 폭력적인 어머니가 또 다시 등장한다. 폭력적인 어머니가 아들을 죽이는 것을 통해 아들이 새로운 모습으로 환생하게 되는 것이다.

죽음을 통해 아들은 '청개구리'로 새롭게 환생하게 된다. 실제 개구리는 겨울잠이라는 죽음을 겪은 후, 봄이 되었을 때 다시 태어나는 속성을 가지고 있다. 물론 겨울잠을 잤던 모든 개구리가 봄이 되었다고 해서 반드시 살아난다는 보장은 없다. 하지만 죽음을 극복하고 봄이 되었을 때 살아날 수 있는 능력을 가진 개구리는 죽음에서 살아나는 재생을 상징하는 것으로 인식될 수 있다.[31]

그런데 개구리는 물과 육지를 자연스럽게 오고 가는 존재이다. 아기가 개구리로 환생했다는 것은 '물'과 '육지'에 모두 속해 있는 존재로 바뀌었다는 것을 뜻한다. 개구리는 어머니를 상징하는 물속에 들어갔다가도 어머니에게서 떨어져 나와 육지로 가고자 한다. 아기가 어머니에게 완전하게 속해 있었던 존재라면 개구리는 어머니에게 속해 있기는 하지만, 어머니에게 속해 있지 않으려는 두 가지 속성을 가지고 있는 상태라고 할 수 있다.

---

30 조영주·최해림, 「부모와의 애착 및 심리적 독립과 성인애착의 관계」, 『한국심리학회지 상담 및 심리치료』 13, 한국심리학회, 2001, 75면.

31 이은경, 「환생설화 속에 나타난 재생의 유형과 한의 의미 연구」, 단국대학교 석사학위논문, 2003, 53면.

물과 육지를 모두 오고 가는 개구리는 '아동'의 모습과 대응된다. 아동은 어머니의 돌봄을 받으면서도 어머니에게서 떨어져 나가 있기도 하다. 아직 혼자서 성장하기는 이른 상황이기 때문에 아동은 어머니의 손을 필요로 한다. 또한 아동은 이제 세상이 궁금하기에 어머니에게서 벗어나 밖으로 나가려고 하기도 한다.

그런데 폭력적인 어머니의 존재는 아동에게 세상을 경험하기 어렵게 한다. 아들러에 따르면 어머니의 역할은 자신과 자녀와 관계를 원활하게 한 뒤 아동의 관심을 아버지와 사회생활로 돌려주는 일이라고 한다.[32] 아동의 영역은 안에서 점점 밖으로 확장되어야 하는데, 폭력적인 어머니에게 속해 있는 한 아동은 몸이 자라난다고 해도 자신의 영역을 확장하기 어렵다. 어머니에게 애정을 받는 것이 어려운 아이는 그 대상을 아버지로 바꾸게 된다. 어머니에 대한 비난의 차원에서 애착의 대상을 바꿔버리는 것이다.[33] 설화에서 개구리가 아버지를 찾게 된 경위는 바로 이러한 이유라고 할 수 있다.

> 영감이 연못에 가 세수를 하니깐 파란 **청개구리 청개구리가 그 영감 손가락에 앉아서 '애기 애기 애기 애기'허거던.** 그러니까 신통해서 물에다 넣고 나오거던?[34]

---

32 알프레드 아들러, 정영훈 엮음, 신진철 옮김, 『가족이란 무엇인가』, 소울메이트, 2015, 155면.

33 만약 아이가 아버지를 더 좋아한다면 우리는 그 아이가 이전에 비극을 겪었음을 알 수 있다. 아이는 무시를 당했고 중요한 자리에서 밀려난 상태인 것이다. (알프레드 아들러, 정영훈 엮음, 신진철 옮김, 『가족이란 무엇인가』, 소울메이트, 2015, 206면.)

34 최유봉(남, 81), <세 번 죽인 전실 자식(송아지 신랑)>, 『한국구비문학대계』 1-4, 진접면 설화 16, 814~819면.

그래 할 수 없이 뭐 어떡할 수 없어 도랑물에다 갖다 넣었더니(죽은 아기를). 그 개구리가 됐단 말여. 개구리가 돼 가지구 인제 **즈이(저의) 아버지가 자꾸 실심을 하구 앉었구 그러니께 담배를 먹으니께루 그 담뱃거리에 가. "개굴 개굴" 개구리가 이러니께루,** "에잇 도랑물에 갔다 넣으라."구. 도랑물에 갔다 넣어.[35]

위의 인용문은 아들이 개구리로 환생하여 아버지에게 찾아간 부분이다. 아직 어머니에게 대항할 수 없는 상태인 아들은 아버지에게 자신의 존재를 알리고, 도움을 요청하고자 한다. 아동에게 아버지는 비교적 전능한 거인처럼[36] 보이기 때문이다. 특히 이야기에서 개구리는 개굴, 개굴 우는 것이 아니라 "애기, 애기, 애기" 하며 운다. 아버지에게 애정을 갈구하며 자신의 존재를 지속적으로 드러내어 도움을 청하고 있는 것이다.[37] 이 때 아버지는 개구리를 예뻐한다. 하지만 아버지는 개구리가 자신의 자식인지 알아보지는 못한다. 반면 개구리가 아들인 것을 알아본 어머니는 아들을 다시 죽인다.

이후 아들은 다시 '피'로[38] 환생하게 된다. 아들이 식물로 다시 태어나게

35 정천석(남, 70), <본부인이 죽인 첩자식의 환생>, 『한국구비문학대계』 3-2, 모충동 설화2, 333~335면.

36 알프레드 아들러, 베란 울프 엮음, 정명진 옮김, 『아들러는 아이들을 이렇게 치유했다』, 부글, 2016, 11면.

37 『한국구전설화』의 한 각편에서는 계모에게 죽임을 당해 잉어로 환생한 아들이 아버지가 멱을 감고 있을 때 꼬리를 치며 찾아와 "아버지, 아버지"라고 직접 부르는 내용이 나타나기도 한다. 본고에서는 『한국구비문학대계』를 대상으로 연구를 진행하여 본 각편은 본문에 넣지 않았다.

38 피 : 볏과의 한해살이풀. '돌피'의 개량종으로 밭이나 습한 곳에 재배하며, 높이 약 1m. 여름에 연한 초록빛 또는 자갈색 꽃이 거칠고 크게 핌. 열매는 식용·사료로 씀.

되는 것이다. 이제 아이는 물에서 '육지'로 빠져 나와 대지에서 새로 태어나게 되었다. 피의 상태라는 것은 물인 어머니에게 완전히 속해 있지는 않은 상태라고 볼 수 있다. 아들이 어머니에게서 분리되어 심리적 독립을 가능하게 된 것이다.

어머니에게서 벗어나 육지로 나온 피는 '초기 청소년'의 모습과 대응된다. 초기 청소년은 사회불안을 경험하는 시기이다. 초기 청소년기에 겪는 사회불안은 사람들과의 관계에서 적극적으로 나서는 것을 꺼려하거나 주위 사람들의 눈치를 보고 위축되는 경향을 보이는 것으로[39] 나타난다. 이와 같은 초기 청소년의 사회불안 모습은 '피'의 수동적인 상태와 연결된다. 땅에서만 살 수 있는 피는 어디론가 스스로 옮겨갈 수는 없다. 즉 물을 주면 주는 대로, 햇볕을 주면 주는 대로 수동적인 자세를 보이는 상태이다. 인생을 살아감에 있어서 소극적인 태도는 장애가 된다. 폭력적인 모습의 부모이든, 자상한 모습의 부모이든 그 부모를 떠난 자녀가 새롭게 나아간 사회에 적응하기 위해서는 소극적이고 수동적인 면모를 없애야 한다. 아이는 수동적인 면모를 없애는 과정을 통해야만 한 층 성장할 수 있는 것이다. 수동적인 속성을 가지고 있는 아들은 도움을 받기 위하여 다시 한 번 아버지에게 손을 내민다.

> 개구리를 잡아서 땅에다 묻었떠. 근데 저 피—게 밭에 심는 피가 있어. <u>피가 나왔는데 더북허거루 인제 참 화초 같거든. 아 그 영감이 또 그 걸 위해 줘요.</u>

---

39 서경현, 「초기 청소년기에 있는 아동의 지각된 부모양육태도 및 부모 간 양육태도 불일치와 사회불안 간의 관계」, 『청소년학연구』 19-1, 한국청소년학회, 2012, 213면.

"아 그느므 개구리 죽은 혼이 또 피가 됐나 보다."구 40

인용문을 살펴보면 피가 화초 같았다고 언급하고 있다. 이 말은 피가 그 만큼 예뻐 보인다는 것을 의미한다. 고슴도치도 제 자식이 예쁘다는 말처럼 아버지는 피가 자기 자식이기 때문에, 은연중에 자식을 알아보고 꽃 같이 예쁘게 보는 것이다. 간접적이긴 하지만 아버지가 또다시 아들을 알아봐줌으로써 아들은 성장할 수 있는 동력을 얻게 된다. 하지만 이번에도 아버지보다 먼저 어머니가 아들을 알아보고 피를 베어 암소에게 줘 버린다.

이야기에서는 또 피를 베어버린다. 아들이 성장하기 위하여서는 수동적인 속성을 죽여야 한다고 보는 것이다. 또한 아들을 계속 죽이는 폭력적인 어머니에게서 벗어나지 못하는 것은 아들의 수동적인 면이 강하게 작동하기 때문이다. 그리하여 아들이 다시 태어나는 존재는 '송아지'이다. 이 설화에서 송아지로 변하는 것은 불행한 현실을 폐기하고 행복한 현실을 맞는 과정에 필연적으로 겪어야 하는 통과의례의 성격을 지닌다.[41] 즉 또 다시 환생하게 되는 것은 아이가 성장하기 위해 반드시 필요한 과정인 것이다. 또한 송아지는 피와 마찬가지로 육지에서만 살아갈 수 있는 존재이다. 하지만 송아지가 피와 다른 점은 스스로 움직일 수 있다는 점이다. 통과의례를 통해 새롭게 태어난 송아지는 능동적인 행동방식을 가진 아들을 상징한다.

---

40 최유봉(남, 81), <세 번 죽인 전실 자식(송아지 신랑)>, 『한국구비문학대계』 1-4, 진접면 설화 16, 814~819면.

41 최운식, 「「금송아지 설화」 연구」, 『한국민속학』 35, 한국민속학회, 2002, 303면.

비슷한 이야기인 고전소설 〈금우태자전〉에서 아들이 소로 변한 후에 진행되는 일련의 과정은 모두 전생의 업보를 씻고 지위 회복을 위한 탐색을 하고자 하는 목적으로 나타난다.[42] 하지만 옛이야기 〈환생한 송아지 신랑〉의 내용은 다르다. 옛이야기의 내용에서 아들이 송아지로 태어나는 것은 시련 극복을 위한 방법을 탐색하기 위해서인데,[43] 이때 송아지가 가지고 있는 시련은 스스로 사고하여 사람들과 소통하며 자기 자신을 표현하기는 어렵다는 점이다. 송아지는 사람과 가장 친숙한 동물 중에 하나이긴 하지만, 직접적으로 자신을 표현할 수는 없는 존재이다. 그런데 아들이 송아지가 되었을 때에도 아버지는 송아지를 예뻐해 주었다. 고전소설 〈금우태자전〉에서도 마찬가지로 아버지는 금송아지에게 금관자를 달아주는 등의 애정을 표현하는 것으로 나타난다. 아버지의 변하지 않는 지속적 관심을 통해 아이는 점점 성장하는 면모를 보이고 있는 것이다.

> 피를 깎아다 저 집이 암소가 있든지 소를 멕였어. 근데 송아치를 또 낳았는데 아 또 송아치를 위해주거든? 그 영감이.
>
> "그니 그런 혼이 또 송아치가 됐나 보다." 인제 그런 나쁜 마음을.. 이제 첩이 이제 궁리야..[44]

---

42 최진봉, 「<금송아지전>의 구조와 의미」, 『숭실어문』 10, 崇實大學校崇實語文研究會, 1993, 297면.

43 최운식, 「「금송아지 설화」 연구」, 『한국민속학』 제35집, 한국민속학회, 2002, 186면. (최운식은 설화<환생한 송아지 신랑>에서 송아지가 시련을 극복하고자 했지만 서모로 인하여 실패했다고 본다. 하지만 본고에서는 아이의 성장담으로 설화를 읽어내면서 송아지로 변한 것이 소통을 어려워하는 아이의 단면으로 보았다.)

44 최유봉(남, 81), <세 번 죽인 전실 자식(송아지 신랑)>, 『한국구비문학대계』 1-4, 진접면 설화 16, 814~819면.

하지만 자기 자신을 표현하기 위해서 송아지는 반드시 사람이 되어야만 한다. '피'로 변했을 때까지의 아들은 수동적인 면모를 지녔기 때문에 폭력적인 어머니에게 죽임을 당할 수밖에 없었다. 그러나 이제 '송아지'로 환생한 아이는 능동적 행동이 가능하다. 능동적 행동이 가능하다는 것은 폭력적인 어머니를 피해 자유롭게 다닐 수 있으며, 더 이상 죽임을 당하지 않고도 스스로 변할 수 있는 능력이 내재되어 있음을 뜻한다. 즉 송아지로 환생한 아들은 스스로 성장할 수 있는 방법을 모색할 수 있는 상태라는 것이다. 아들이 스스로 성장할 수 있다는 것은 자기 자신에 대한 탐색이 가능해졌다는 것을 의미한다. 내가 누구인지, 이제 무엇을 하고 싶은지, 어떤 모습으로 바뀌고 싶은지 자신의 정체성에 대해 고민하는 송아지는 이제 더 이상 어린 아이의 모습이 아닌 '청소년'의 모습을 하고 있다.

몇 번의 환생을 통해 점점 자라나 몸이 커졌지만, 설화에서 아들은 소가 아니라 송아지로 표현되어 있다. 송아지라는 설정은 아들이 아직은 채 다 자라지 못한 상태임을 보여준다. 성장이 끝나지 않은 청소년은 또 한 번의 위기 상황에 봉착하게 된다. 바로 둘째어머니가 아프다고 하며 송아지의 간을 빼먹어야 낫겠다고 하는 것이다. 아들의 간을 빼먹는 설화의 내용은 계모형 설화의 대표적 유형 중의 하나이다.[45]

간을 빼 먹는 행위는 새로운 것이 생성되는 것을 막으려고 하는 의미를 지닌다. '간'은 인체 중에서 스스로 재생되는 유일한 장기이다. 둘째 어머니가 아들의 간을 빼먹겠다고 하는 것은 더 이상의 재생, 환생을 막고자 하는 행위이다. 간을 빼앗기게 되면 아들은 새롭게 다시 태어나는 것이

45 최운식, 「계모설화의 전승 양상 및 구조와 의미」, 『한국설화연구』, 집문당, 1991, 176~212면.

불가능하다. 그런데 다시는 재생할 수 없는 위기는 혼자서 극복하기에 어려움이 따른다.

> 이놈 산지 저거 마, 저 왕백정 조질김이한테 몰아다 조가 마 자아(잡아) 묷 뿌그러 하자? 크며, 마 넘을(남을) 씨겨 가 몰어다 좄어. 백정집에. 백정집이 너무 가난애가주고, 그 왕백정 조질김이가 있그던. 제 에미가 있그던. 늙은 노모가 있는데. 그래 이 놈의 산지를 갖다 매 노이,
>
> "왕백정 조질금아. 날 풀어 나(놓아) 도가. 내 니 은공 하꾸마."이카그던, 산지가.
>
> "하이고, 우야꼬, 저기 대성가집 산지 우째 저리 말하는 거 보이, 저게 희한하다."크며, 원칸(워낙) 가난해 노이, 시준, 옛날에는 시준단지가 있었그던. [조사자: 예, 시준단지가 있었지요.] 찐쌀 있는. 우리는 그것도 몰라. 시준단지 쌀로 팍 버 갖고 흰 죽을 쏘가주고 그륵세(그릇에) 담어다 주이, 이 놈 산지가 훌렁 마시고, 이까리 풀어 가주고, 풀었뿌이께 마 뛰 달러갔뿌따.[46]

인용문에서 확인할 수 있듯 나쁜 어머니로 인한 위기의 상황에 있을 때 설화에서는 새로운 조력자를 등장시킨다. 바로 백정과 백정의 어머니이다. 특히 백정이 송아지를 죽이지 않도록 도와주는 인물은 백정의 어머니이다. 백정의 어머니는 송아지가 살려달라고 말하는 것을 보고 흰 죽을 쑤어 먹이고는 송아지를 보내준다.

백정의 어머니는 친부모에게 받을 수 없었던 새로운 모성의 역할을 대신

46 이선재(여, 61), <금송아지가 된 아기>, 『한국구비문학대계』 7-1, 현곡면 설화 93, 260~264면.

해 준다. 백정의 어머니가 송아지에게 음식을 해 먹이는 부분에서 이를 확인할 수 있다. 백정의 어머니는 그간 친어머니가 해주지 못한 양육을 대신하고 있는 것이다. 우리 사회에서도 어머니가 양육자의 역할을 충분히 하지 못 할 경우, 아이들이 대신 받을 수 있는 사회적 보호 장치가 마련되어 있다. 이러한 사회적 보호 장치가 바로 백정의 어머니의 모습이라고 볼 수 있다. 아이들은 성장할 때, 가정을 통해서만 자신이 도움을 받을 수 있다고 생각하는 경우가 많다. 아이들은 가정 외에 모두 '남'으로 치부하여 선뜻 도움을 요청하기 힘들어 한다. 하지만 우리의 많은 설화에서 언급하고 있듯 자신에게 꼭 필요하면서도 중요한 도움은 '남'에게로부터 받을 수 있다. 예를 들어 복을 타러 가는 〈구복여행〉이나 차복이 설화 등의 경우에도 타인의 도움을 받아 생명을 이어갈 수 있는 내용이 나타난다.

타인에게 도움을 받을 줄 아는 능동적인 아들은 이제 사람으로 성장할 수 있는 동력을 얻을 수 있게 되었다. 송아지인 아들은 스스로 난제를 해결하고자 길을 떠나 공간을 이동하게 된다.[47] 설화에서 집을 나가는 것은 부모의 세계로부터의 탈출이다.[48] 설화에서 아들은 집을 나감으로써 폭력적인 어머니의 세계에서 탈출하고 있는 것이다.

아들이 폭력적인 어머니에게서 벗어나 사람으로 거듭나기 위해서는 짚북을 쳐야 하는 난제를 해결해야만 한다. 지금까지 아들은 자신의 죽음을 통해 지속적으로 새롭게 태어나왔다. 죽음을 통해 새롭게 태어나는 고단한 과정을 거치게 되는 것과 짚북을 치는 것을 연결시켜 보면, 아이가 난제

---

47 신동흔, 『왜 주인공은 모두 길을 떠날까?』, 샘터, 2014, 47면.

48 김혜미, 「구비설화 <내 복에 산다>의 전승 가치와 그 현대적 활용 방안–청소년의 동화창작프로그램 사례를 통하여」, 『고전문학과 교육』 29, 한국고전문학교육학회, 2015, 346면.

를 스스로 해결할 수 있을 만큼 성장했다는 것을 의미한다. 영웅이 아닌 일반적 인물이 누군가에게 능력을 받은 것이 아니라 죽을 만큼의 고비를 여러 번 넘겨가며 성장해 그 능력을 스스로 획득한 것이라는 점을 설화에서는 잘 보여주고 있다.

특히 '짚'이라는 것은 소와 가장 친연성이 있는 물건이라고 할 수 있다. 호랑이를 잡으려면 호랑이 굴에 들어가야 한다는 말처럼 우리가 어떤 문제를 해결하고자 한다면 그 문제에 가장 가까이 다가가야 한다. 송아지만 칠 수 있는 짚북의 설정은 아들이 극복해야 하는 문제에 친연성이 있을 만큼 다가간 것임과 동시에 아들이 문제를 해결할 수 있는 능력을 갖추었다는 것을 의미한다. 또한 짚북을 울리는 것은 아들이 자신의 존재감을 널리 알리고자 함을 상징적으로 보여주는 행위이기도 하다. 이전 '피'의 모습으로 소극적 성향을 보이던 아들은 북을 울려 자신이 여기에 있다는 것을 온 천하에 알리고자 한다. 자신을 적극적으로 드러내고, 자기 존재감을 획득한 상태라고 볼 수 있다.

옛이야기 〈환생한 송아지 신랑〉에서 자신의 존재를 널리 알린 아들은 '혼인'을 하게 된다. 그런데 이 때 아들은 송아지인 상태로 혼인을 한다. 송아지인 아들은 혼인을 한 이후에 아내와의 관계를 통해 사람이 된다. 고대사회이건 현대사회이건 우리 사회에서는 혼인을 한 사람을 '성인'으로 대접한다. 즉 혼인이라는 통과의례를 통해 아들은 성인이 되는 발판을 마련하게 되고 사람이 될 수 있는 것이다.

그간 아들이 환생을 할 때는 폭력적인 어머니에 의해 죽임을 당해 진행되었지만, 사람으로 환생할 때에는 죽임을 당하지 않고 스스로 변신을 통해 가능하게 된다. 송아지가 사람이 되는 과정은 스스로 허물을 벗게 되면서이다. 스스로 환생할 수 있게 된다는 것은 아이가 새로운 삶의 방식을 택할 수 있는 능력을 획득하게 되었다는 것을 의미한다.

그런데 앞서 송아지가 탈출을 위해 조력자에게 도움을 받은 것처럼 아들은 자신의 가족이 된 아내에게 자신이 송아지에서 사람이 될 수 있도록 도움을 청한다. 혼인을 통해 '부부'가 된다는 것은 혼자서만 이룰 수 있는 것이 아니다. 부부는 함께 생활해야 하고, 함께 변해야 하는 것이며, 이로 인해 함께 성인으로 함께 성장할 수 있게 되는 것이다.

> 별당에 들다보고 그래 가 있은께네,
>
> "들어오라." 캐서 인자 방에 드갔다. 그래 드가서 척 들어눕거든. 누운께네 지 처니 묵던 식은 밥을 준께네 말키(모두) 묵고, 그 소, 송아치가 금송아치가 말키 주(주워) 묵고, 그래.
>
> "저어 **공부하는 칼 있거들랑 이 모가지 여어다(여기다가) 구영(구멍)을 좀 내 도라.**"쿠는 기라. 가죽 저거로. 쇠 가죽을 씌고 있거든. 그래서, 속에서 말키 빨아 묵고 안 컸나 말다. 그래,
>
> "아이구이, 무슨 소리로 한다." 처이가, "무슨 소리로 한다. 나는 그 짓은 못 하겠다."고 그래.
>
> "아무 일도 없다고. 아무 일도 없다고 구영만 내 도라고."그래서 처니가, 하도 소가 그래 쌓은께 구영을 냈다. 내 놓은끼네 바로 새 선배(선비)가 쏙 나오는 기라, 총각이. [청중 : 웃음] 그래 그[기침]고마 목간(목욕)을, 목간을 시키가지고, 지(제) 몸종을 불러갖고 목간을 시키갖고, 그래 그 집에서 사우로 안 봤는기요. 그래, 사우로 봐 놓은께네, 아이구, 천재라[49]

49 임이(여, 73), <소 허물 벗은 아들>, 『한국구비문학대계』 8-10, 의령읍 설화 71, 226~232면.

위의 인용문을 통해 보면 송아지는 아내에게 '공부를 하던 칼'을 가지고 와서 자신의 목을 찌르라고 한다. 공부는 연필이나 붓으로 가능할 것인데, 공부를 하던 칼은 어떤 의미인지 궁금해진다. 이는 새로운 세계로 발을 들여 놓을 수 있는 능력을 상징하며, 새로운 세계인 부부의 세계는 함께 만들어가야 하기 때문에 아내에게 자신의 목을 찌르라고 하는 것이다. 또한 송아지가 아내에게 자신의 목을 찌르라고 하는 것은 앞서 송아지가 가지고 있었던 소통의 어려움을 극복하는 모습을 보여주고자 함이다. 부부관계의 지속이 가능하게 되는 기본적인 덕목은 소통이라고 할 수 있다. 상대가 원하는 것에 대하여 명확하게 이해하고 그것을 시행할 수 있게 되면 서로가 상생할 수 있는 관계로 발전할 수 있다.[50] 옛이야기 〈환생한 송아지 신랑〉에서 아내는 송아지인 남편이 원하는 것을 명확하게 알고 이를 수행함으로써 부부관계의 소통이 원활해지는 시작을 보여주었다고 할 수 있다.

송아지에서 사람으로 변할 때에는 육체적인 죽음이 나타나지는 않았지만, 아들이 자라나 혼인을 한다는 것은 상징적인 죽음을 의미하는 것으로, 또 한 번의 죽음을 맞이한 것이라고도 할 수 있다. 결혼생활은 자신이 죽어가는 부분을 인지해야 시작하고 유지할 수 있는 것이다.[51] 스스로를 죽일 수 있는 경지에 이르게 되면 성장은 완성되고 성인으로의 삶을 살아갈 수 있게 된다. 성장이 혼인이라는 통과의례를 통해 가능하다는 점은 다음의 각편을 통해 다시 한 번 확인 할 수 있다.

---

50 정운채, 「문학치료학의 서사이론」, 『문학치료학의 서사이론』, 문학과치료, 2015, 19면.

51 로버트 A. 존슨, 고혜경 옮김, 『신화로 읽는 여성성 She』, 동연, 2010, 28~29면.

큰각시는 부른께나 아무것도 어. 그래 이만저만 아아로 낳았는데 아아가 없다고 이래도 곧이 안 알아 듣거등요. 이란께, 그래 인자 서울 장안 안에서 어떤 영(令)이 내리 노하몬, 마,

"사램이나 짐승이나, 짚을 가이고 북을 맨들어 놨는데, 이 짚을 때리서 서울 장안이 울리도록 소리가 나모(나면) 천하로 반분(半分)을 한다."이라거등요. 그래 인자 사램들이 오만(온갖) 사람이 전부 다 가서 때리 봐야 그 짚 가이고 맨들안(만든) 북이 소리가 안 나요. 소리가 안 나는데 인자, 저 쇠앵키(송아지)로 인자 몰고 갔다. 그 쇠앵키로 몰고 간께(가니까) 아, 저, 쇠앵키가 과연 뱅뱅뱅 돌도마는 꼬리로 가이고 마 북을 한 분(번) "탁" 때리 준께 마 소리가 "떠엉" 나더랍니다. 세 분을 그래 때린께 네 마 장안 안이 울리도록 소리가 나더랍니다. 그래가(그래서)인자, 그 쇠앵키로 금굴레로 만든 굴레 짜 가아고, 그래 가이고 몰고, 몰고, 그래 가이고, 그 인자 여자가 그 원한을 풀었답니다 .그래 가이 잘 사더랍니다.[52]

옛이야기의 또 다른 각편에서는 송아지가 사람이 되지 못한 채 이야기가 끝이 나고 있다. 인용문을 통해 살펴보면 짚북을 치러 송아지가 직접 가지 않는다. 친어머니가 자신의 억울함을 풀기 위하여 송아지를 '끌고' 서울 장안으로 가서 북을 치게 만든다. 아직 어머니에게서 벗어나지 못한 아들은 송아지인 상태에 있을 수밖에 없다. 사람이 될 수 없는 것이다. 사람이 되는 것은 먼저 부모에게서 독립을 해야 가능하며, 죽어 다시 태어나는 만큼의 고통이 감당해야만 가능하다는 점을 보여주는 것이라고 할 수 있다.

52 강봉순(여, 56), 설원한 부인, 『한국구비문학대계』 8-1, 장목면 설화29, 256~258면.

다시 말해 설화 〈환생한 송아지 신랑〉에서는 마지막 관문인 '혼인'을 통해 송아지가 사람이 됨으로써 성장의 완성을 하는 모습을 보여주고자 하였다. 설화에서 성장의 완성은 '미남자'라는 단어를 통해 상징적으로 보여주고 있다. 성인이 된다는 것은 단지 몸이 자라서 어른이 된다는 의미는 아니다. 미남자로 상징되는 성인은 독립된 하나의 개체로의 의미를 지닌 존재의 완성을 의미하는 것이라고 할 수 있다.

<table>
<tr><th>환생 양상</th><td>엄마의 뱃속 (자궁)</td><td>갓난아이</td><td>청개구리</td><td>피</td><td>송아지</td><td>사람</td></tr>
<tr><th>공간의 이동</th><td>물</td><td>물</td><td>물과 육지</td><td>육지</td><td>육지</td><td>육지</td></tr>
<tr><th>발달 과정</th><td>태아</td><td>아기</td><td>아동</td><td>초기 청소년</td><td>청소년</td><td>성인</td></tr>
<tr><th rowspan="2">성장 양상</th><td rowspan="2">미완의 존재</td><td>부모에게 속한 존재</td><td>부모에게 일부 분리</td><td>부모에게 분리 독립</td><td>능동성 획득</td><td rowspan="2">독립한 완성된 존재</td></tr>
<tr><td>부모에게 분리-독립의 어려움</td><td>완전한 분리의 어려움</td><td>능동성 결여</td><td>소통의 어려움</td></tr>
</table>

옛이야기 〈환생한 송아지 신랑〉은 나쁜 어머니에게서 분리-독립의 과정을 보여줌으로써 아이가 어머니로 대표되는 고난을 통과하여 삶에 대한 적응력을 키우며 자신을 지키고 세상 속에서 성인이 되는 이야기로 볼 수 있다. 특히 영웅이 아닌 인물이 스스로 성장할 수 있게 되는 양상을 보여줌으로써 영웅이 아니더라도 완성된 존재가 되어 삶을 살아갈 수 있다는 것을 보여주고 있다. 위의 표와 같이 설화 〈환생한 송아지 신랑〉에서 아이의 환생과 성장은 장소의 이동, 즉 물에서 육지로 이동을 통해 진행된

것을 확인할 수 있다. 물인 어머니에게 속한 존재였던 아이가 자신이 스스로 사고할 수 있는 육지의 세상을 찾아가게 된 것이다. 또한 옛이야기 〈환생한 송아지 신랑〉은 미완의 존재였던 아기가 다양한 통과제의를 거쳐 미남자, 즉 독립된 하나의 완성된 존재가 되는 이야기를 담고 있다고 할 수 있다. 통과제의의 목적은 다른 사람이 되는 것이다.[53] 한 사람이 태어나 성장해가는 과정에서 성인이 되고자 한다면 태아부터 시작하여 환생으로 인식될 만큼 여러 번 다른 사람이 되어야만 가능하다는 점을 옛이야기 〈환생한 송아지 신랑〉을 통해 확인할 수 있다.

새로운 내가 되는 방법

삶을 살아가면서 우리는 다양한 문제 상황에 당면하게 된다. 문제 상황은 나를 죽음으로까지 몰고 갈 수 있다. 그리고 그 죽음은 자신을 고통으로 몰고가게도 한다. 고통의 끝이 죽음인지 죽음 때문에 고통이 생성되는지 알지는 못하겠지만, 그 구덩이 안에서 어떻게 살아가야 할 것인지 고뇌하게 된다.

그러한 고뇌는 나를 탈바꿈 시킨다는 것을 옛이야기 〈환생한 송아지 신랑〉에서는 보여주고 있다. 이야기에서 고통을 주는 자는 둘째 어머니로 나타난다. 그것은 어찌 보면 상징적인 것이고, 나는 인생에 있어서 타인과의 관계 안에서 고통을 주는 자들을 당면하게 된다. 그것은 꼭 타인이라는

53 시몬느 비에른느, 이재실 옮김, 『통과제의와 문학』, 문학동네, 1996, 19면.

법은 없다. 내가 나에게 고통을 줄 수도 있다. 죽음과도 같은 고통을 통해 나는 어떻게 살아야 할 것인지 고민할 수 있게 되는 발판을 마련한다.

이야기에서는 현재 당면한 고통은 현재의 내 모습으로 극복하기 어렵다는 것을 말해주고 있기도 하다. 즉 현재의 나의 모습, 그러니까 반항하는 나의 청개구리 같은 모습이 죽어야 한 단계 성장하고, 피와 같이 수동적인 나의 모습이 죽어야 다음 단계로 성장한다는 것이다. 내가 그대로 있으면서 현재 당면한 문제를 극복하기는 어렵다. 더 이상 문제의 극복이 어렵다면 나는 나를 바꿔야 한다. 변형시켜야 가능하다는 말이다. 나는 나의 현재를 어떻게 죽이고 새롭게 탈바꿈할 수 있게 될까? 그것은 모두가 다를 것이다. 각각 다른 방법으로, 나만의 방법으로 새로운 내가 될 수 있도록 하는 죽음의 시간, 그 시간이 나에게도 필요하다는 것을 인식하는 것이 중요하다고 하겠다.

이야기,

삶을 통하다

04 지네 각시, 삶의 길을 열어주다.

내가 나를 죽이고 싶다

살다보면 어려움은 언제든 닥쳐온다. 얼마 전, 한 주말 드라마를 보고 있는데, 어떤 할아버지가 "이렇게 행복해도 되나 모르겠어."라는 대사를 하였는데, 그러자마자 집안의 큰 재앙이 닥칠 상황으로 전개되었다. 인생은 행복과 불행의 연속이고, 즐거운 일이 있으면 슬픈 일이 생기는 원리를 잘 보여주는 상황이라고 할 수 있다. 그러나 그런 어려움이 계속된다면, 그리고 그 일을 극복할 수 없다고 생각하게 된다면 더 이상 살고자 하는 의미를 찾기 어려울 수 있다. 우리나라는 높은 자살률을 보이는 나라 중 하나라는 점은 부인할 수 없는 사실이다. 사람들이 극복할 수 없는 현실을 부딪혔을 때, 죽음을 선택하고자 하는 경향이 많이 나타나는 상황이라고 볼 수 있다. 옛날에도 우리나라가 자살률이 1위였을지는 모르지만, 자살을 하고자 하는 생각은 비단 지금의 문제만은 아니었다고 할 수 있다. 자살을 하고자 하는 상황에서 그 문제를 어떻게 해결할 수 있다고 보았는지 하나의 이야기를 살펴보자.

어떤 남자가 너무 가난해 자식들을 잘 먹이고 잘 입히지도 못하였어요. 그렇게 살다보니 남자는 이렇게 살면 무엇 하나 하는 생각에 이르렀어요. 결국 남자는 섣달그믐에 산으로 올라가서 목을 매달고 죽어야겠다는 결심을 했어요. 남자가 산중턱쯤 올라갔는데 불 하나가 올라오는 것이 보여 작은 언덕 밑으로 숨어서 지켜보았어요. 그 불은 어떤 어여쁜 여인이 들고 올라오던 등불이었어요. 여인은 남자가 죽으려고 했던 것을 알았던지, 남자에게 다가와서 자신이 남자를 구해주겠다고 하였어요.

"내일 아침이 정월 초하룻날인데도 자식들에게 밥을 해줄 수가 없어요. 그런데 자식들은 배가 고프다며 야단이에요. 제가 그 소리 듣고 어떻게 살겠어요? 그럴 바엔 차라리 죽어서 아이들의 그런 모습을 보지 않겠는 게 좋겠어요. 당신의 제안을 거절할게요."

"그게 무슨 말씀이세요. 그렇게 생명을 소중히 여기지 못하다니요. 제가 구원해 드릴테니 함께 가세요."

계속되는 제안에 남자는 여인을 따라갔어요. 여자를 따라가다 보니 강이 나오고 그 근처에 커다란 기와집이 나왔어요. 여자는 그 집이 자신의 집이라면서 거기서 쉬자고 하였어요. 잠시 후 여인이 저녁상을 차려 와서 남자에게 말하기를 자기하고 같이 살되 일 년에 두 번, 그러니까 섣달 그믐날하고 팔월 열 나흗날만 집에 다녀오라고 했어요. 그러자 남자가 두고 온 가족은 어떻게 하냐고 하였더니, 여인이 식구는 자신이 살려줄 테니 집 걱정은 하지 말라고 하였어요.

그렇게 둘이 같이 살다가 시간이 흘러 팔월 열나흘 날이 되었어요. 남자가 집에 다녀오겠다고 하자, 여인이 집에 가서 자지 말고 인사만 하고 오라고 했어요. 남자가 집에 갔더니 예전보다 더 잘살게 된 가족을 보고 여인이 돈을 보내서 이렇게 되었구나 하고 짐작하고는 다시 여인이 있는 집으로 돌아왔어요. 남자는 집 걱정을 떨치고 여인과 아들 하나 딸 하나를 낳고 살았답니다.

그러던 어느 날 섣달그믐이 되어 남자가 집에 다녀오겠다고 했는데 여인이 오늘 가면 못 돌아 올 것이니 가지 말라고 하였어요. 그래도 남자가 집에 다녀오겠다고 하자 여인은 어쩔 수 없이 허락했어요. 남편은 집으로 돌아가 자신은 자신을 구해준 여인과 살아야 하니, 부인과 자식들에게 이제 자신은 오지 못할 것이라며 오니까 잘 지내라고 하였어요.

남자가 여인에게 돌아가는데 냇가에 있는 징검다리를 건너려는 순간 돌아가신 아버지가 나타나 자신을 부르면서 쫓아오는 것이었어요.

"오늘 그 여자한테 다시 돌아가는 날이지? 지금 그 여자에게 가면 죽는다. 절대 가지마라."

남자가 생각하기에 아버지는 그 여인에게 가면 죽는다고 하고 여인은 본처에게 가면 죽는다고 하니 기가 막혔어요. 생각 끝에 남자는 아버지 말씀을 듣지 않는다면 비록 불효가 되겠지만 저 여인이 오늘날까지 자신을 이렇게 살려놨는데, 저 여인이 자신을 죽인다고 해서 거기를 가지 않는다는 것은 도리에 어긋난다고 생각이 들었어요.

"아버지, 저는 죽더라도 그 여인에게 가겠어요. 그 여인이 저를 살려주었으니, 가지 않으면 도리에 어긋난다고 생각해요."

"아들아, 그 여인은 사람이 아니라 지네란다. 하지만 네가 꼭 가야만 하겠다면 살 수 있는 방도를 알려주마. 그 여인의 집으로 들어가기 전에 담배를 물고 침을 모아 두었다가 그 여인이 덤비면 그때 침을 여인에게 뱉어라. 그렇게 하면 살 수 있을 거야."

남자는 아버지의 말을 듣고서 의심이 들어 집에 도착하였는데도 바로 들어가지 않고 뒤로 돌아가서 문구멍을 뚫어 방 안을 들여다보았어요. 그런데 아버지의 말처럼 여인과 아들, 딸이 벌건 지네가 되어 가지고 누워 있는 것이었어요. 남자는 가만히 바깥으로 나와서 자신은 어차피 저 여인 손에 죽어도 원통하지 않으니 저 여인을 죽일 수 없다고 생각했어요. 그러고는 다시 방으로 들어갔더니 지네가 다시 여인으로 변하여 맞이하였어요. 남자는 아랫목에 앉아서 담배만 피우고 있다 보니 입에 침이 오이게 되었어요. 여인은 방구석에 앉아서 초조하게 남자의 얼굴을 바라보고 있었는데 남자가 갑자기 침을 바깥에다 탁 뱉는 것이었어요. 이에 여인은 깜짝 놀라면서 아버지를 오다가 만나지 않았느냐며 당신이 만난 아버지는 실은 당신의 아버지가 아니라 나와 함께 살았던 구렁이인데, 내가 당신을 얻어서 잘 살고 있으니까 나한테 당신을 빼앗겼다고 생각해서 그런 것이라고 말했어요. 그리고 여인은 당신이 침을 바깥으로 뱉는 바람에 자신이 이제 천당으로 올라갈 수 있게 되었으니 여기서 백년해로하여 잘 살라고 말했어요. 그런 다음 여인은 두 아이를 품에 안고 공중으로 올라갔어요. 남자가 깨어나 보니 집은 없고, 주변에 바위들만 있는 것이었어요. 남자는 그 후로 본 집으로 돌아가서 내외가 백년해로하면서 잘 살았답니다. (정운채 외, 『문학치료 서사사전』3, 문학과 치료, 2009. 참고)

이 이야기는 옛이야기 〈지네각시〉이다. 남자가 만난 여인이 지네인 것을 매우 단적으로 보여주는 제목이다. 이러한 내용을 담고 있는 옛이야기는 『한국구비문학대계』에 약 64편 가량 나타난다고 보고되어 있다.[54] 전국에 곳곳에서 이 이야기를 전승하고 있다. 여기서 남자를 도와준 사람은 결국 사람이 아니라 나를 해칠 수도 있는 무시무시한 지네였다. 그럼에도 남자는 의리를 지키며 여인이 자신을 죽일 수 있더라도 해치지 않겠다고 한다. 어떻게 하면 나를 해칠 것만 같아도, 먼저 대처하지 않을 수 있을지 고민이 되지 않을 수 없다.

〈지네각시〉에서 남자는 자신의 문제 상황이 해결되지 않자, 죽으려고 한다. 남자의 문제상황은 경제적인 이유와 연관된다. 우리나라에서 경제적인 이유로 자살을 하겠다고 하는 경우 34.9퍼센트에 해당된다고 보고되고 있다.('2018 자살실태조사' 참조) 경제적인 문제는 삶의 기본권과도 연관된다. 기본적인 문제도 해결하지 못하는 자기 자신에 대한 원망과 아이들을 책임지지 못하는 양육자로서의 괴로움이 더해져 자살을 하고자 한다.

그때, 한 여인이 그를 찾아온다. 섣달 그믐에 산으로 올라갔다고 되어 있으니, 매우 깜깜한 밤이었을 것이다. 그 칠흙같이 어두운 밤, 등불하나가 올라온다. 섣달 그믐에 산에 올라갔다는 것은 아마도 남자의 마음을 표현해주는 것이 아닐까한다. 자신의 어두운 마음, 어찌하지 못하는 그 마음에 갇혀 있는 상태. 그러면서 산 속 깊은 곳 처럼 고립되어 있는 마음. 그 두 가지의 무거운 마음을 이야기에서는 표현하고 있다. 그러던 중, 하나의 등불이 올라온다. 어둠 속에서 보는 작은 등불은 남자에게 있어 얼마나 환하게 비춰졌을까 생각하면, 처음 남자가 등불을 보고 숨은 마음도 이해된다. 아무도 도와주지 않는, 어둠의 상황 속에만 있다 만나게 되는

---

54 정운채 외, 『문학치료 서사사전』 3, 문학과치료, 2009, 2953~3000면.

등불은 얼마나 어색할까? 그 등불이 자신을 위해 나타났다는 생각은 단 번에 들 리가 없다. 그는 숨어버리지만, 그래도 여인은 기어이 남자를 찾아온다.

여인은 남자에게 어떤 이유로 죽고자 하는지 묻는다. 뒤에 보면 알겠지만, 천상의 사람이었던 여인에게 경제적인 부분은 문제가 되지 않는다. 그렇다면 그 여인은 어떤 이유로 그를 도와줬을까?

의도를 가진 도움

가난의 문제를 갖고 있는 남자에게 경제적인 도움을 주는 것이 상대방에게 가장 필요한 것을 주는 것이다. 안정된 경제력은 남자에게 있어 삶의 생동과 의욕을 자극하는 촉진제라고[55] 할 수 있다. 여인은 경제력이 없던 남자와 남자의 가족에게 재물을 주고 죽음에서 바로 삶으로 갈 수 있도록 도움을 준다. 명절에 집으로 돌아간 남자는 자신의 집이 어디인지 찾지도 못하는 각편도 나타나는 것을 보면, 기존의 자신의 집에서 완전하게 탈바꿈 하였다는 것을 짐작하게 한다. 남자에게 필요한 것 이상으로 여인은 남자를 '잘' 살게 해 준다.

> ① 하루에 돈 삼천 냥을 내조. 삼천 냥을 내 주민서,
> "이 돈을 오뗗게 씨던 오늘 다 써고 오시오."

---

55 이원영, 「변신설화의 원형적 의미구조와 그 현대적 변용」, 건국대학교 석사학위논문, 2010, 53면.

이 돈을 다 쓸 수가 있나. 이래가지고 인자 삯군을 사가지고 자기 집으로 [청중:좀 보내고.] 보내고, 제와(겨우) 비지떡 머 서 푼어치를 사 먹었단 말이라. 그렇기 굶주리던 사람이니께 비지떡 서 푼이라도 서 푼어치도 많거던. 그래서 사 먹고 삼천 구백 구십 냥, 머, 저, 이천 구백 구십 냥, 몇 돈을 갖다 부치놨으니 이 집에서 고마 큰 부자라. 대번에 그래 서 푼씨고는 고만 그냥 왔단 말이라. 와 가지고서,

"돈 다 썼소."

"다 써라고 준 돈 다 써야지. 잘 썼소."

"아이구 돈 때문에 내가 죽겠으니 얼른 돈을 써야 나도 살겠소."

그래 그날 저녁 잤어. 자 보니, 이 여자가 참 애교가 좋고, 이라민서 서로 마 물고 빨고 하고 또, 자고 그래 그 이튿날 또 돈 천 냥을 조. 인자 천냥 첫날은 삼천 냥, 이일째 부텀은 천 냥이라. 천 냥씩만 매일 쓰고 들오만 돼. 천 냥씩 주만 이걸 지고 갈 수도 없고 당나구이있던가, 당나구 한 마리 실고 이래 가만 고 비지떡 전에 가서 비지 서 푼어치, [청중:비지떡빼기 없구만.] 에 그거빼끼 못 먹어. 그래 인자 **돈 천냥을 몰씬 다 보내고, 보내고, 큰 부자가 되었지.**[56]

② 돈을 팔백 냥을 주거덩. 돈을 팔백 냥을, 팔십 냥을 준다 말이야. 팔십 냥을 주는데 그래 그마 그 돈을 가주고 떡 나갔다 말이라. 나가서 지가 생각을 하기를 어떻기 생각을 했노 하믄 '그전에 저거 엄마 적아버지 벌인 재산을 전부 술집에 가 다 없앴는데, 인자 이 돈을 다시 씰밖움 없다 '꼬. 그래 그 돈을 팔십 냥을 가주 나와서, 팔십 냥을 가주고 나와서 없는

---

56 이시균(남, 68), <지네를 만나 잘 살게 된 이야기>, 웅양면 설화 6, 『한국구비문학대계』 8-5, 587~593면.

사람은 그래 그 말카 옷하고 마카 모도 고리고리 떠가주고, 이래 있이이 없는 사람은 언자 옷 주고 이늠 있는 사람은 참 그거한 사람 아아 불쌍한 사람은 구, 전부 불쌍한 사람 구제로 다 했어.[57]

위의 이야기들은 옛이야기가 전승되는 내용을 '말' 그대로 적어놓은 것이다. 『한국구비문학대계』는 우리나라 옛이야기들을 채록하여 놓은 책이다. 그래서 위의 인용문을 보면 사투리가 그대로 적혀져 있는 것을 알 수 있다. 위의 각편들은 지네각시가 남자에게 큰돈을 주며 모두 쓰고 오라고 하는 내용을 가지고 왔다. ①번의 내용에서 특징적인 것은 지네각시가 남자에게 준 천 냥을 모두 써버리니 남자가 큰 부자가 되었다는 것이다. 돈을 다 써버렸는데, 더 큰 부자가 되었다니. 그 얼마나 듣기 좋은 말인가! 이때 지네각시가 왜 이런 일을 시켰는지 생각해 봐야 한다. 가난한 사람은 돈을 가진 적이 없기에, 좋은 곳에 돈을 쓰는 경험을 하기가 어렵다. 아껴야 잘 산다는 사고방식 때문에 돈을 아껴야 한다는 생각에 더욱 경도되기 쉽다. 남자가 가난했을 때 행동방식을 고치기 위해서는 가난할 때와는 다른 행동방식을 통해 또 다른 결과가 나타나야 한다. ①번의 이야기는 가진 돈을 모두 쓰더라도 큰 부자가 될 수 있음을 보여준다. 마찬가지로 큰돈을 모두 쓰고 오라는 내용의 ②번 이야기는 가난했던 남자가 가난한 사람들을 구제하는 내용으로 나타난다. 돈을 쓰는 방식에 대한 고민을 할 수 있도록 지네각시가 도움을 주는 것이라고 할 수 있다. 가난은 상대적인 열등의식이나 자괴심을[58] 불러일으킬 수 있다. 지네각시는 가난이 주는 심리

57 최용국(남, 81), <천년 묵은 여우와 팔백이>, 대구시 설화147, 『한국구비문학대계』 7-13, 639~645면.

적 위축까지 고려하여 남자에게 돈을 주고는 쓰고 오라고 하는 것이다. 가난 자체를 면하게 해 주는 것에서 멈추는 것이 아니라 남자가 가난이라는 심리적 압박에서 벗어날 수 있게 도와준다. 경제적인 문제를 해결해 주는 것에 더하여 경제관념까지 채워주고자 함이다.

그런데 남자의 문제는 경제적인 문제에서만 끝나지 않는다. 남자를 산에서 구해줌과 동시에 지네각시는 남자의 원래 가족에게도 돈을 보내 잘 살 수 있도록 도와준다. 그리고 돈을 쓰고 오게 하는 등의 행동으로 남자의 경제적인 문제는 지네각시에 의해 이미 해결되었다. 하지만 경제적 문제를 제외하더라도 남자는 가족 부양의 의무를 저버리고 있었다. 가족과 관련된 문제에서 가장 화두가 되는 것은 남자가 제사를 지내지 못하고 있었다는 점이다. 여러 각편에서 남자가 원래의 집으로 가려는 이유는 원래 가족들이 사는 것이 궁금했다거나 조상의 제사를 지내야 하기 때문이다. 어떤 이유든지 간에 경제적인 문제 이외에도 남자가 가지고 있는 문제 상황이 존재함을 보여준다. 남자가 가지고 있는 또 다른 문제는 지네각시가 직접 해결해 줄 수 없다는 것이 이야기가 보여주는 또 다른 특징이라고 볼 수 있다.

> ① 가마이 들누우 생각하니말이지, 자기 할아버지 제사가 내일 모레이거등. 낼 모레가 인제 자기 할아버지 제삿날이라. 그래서 천상 제사는 가봐야 되겠고 인제 그 부인한테 가서,
>
> <u>"낼 모레가 우리 할아버지 제삿날인데, 천상 가 봐야 되겠습니다."</u>

---

58 김정석, 「『지네각시』설화의 전승과 그 의미」, 『민족문화』 16, 한국고전번역원, 1993, 179면.

"하 가 보셔야죠."

해민성, 그래 그 제사 그으 제물꺼지 말이지 그 뭐 준빌 다 해서 준다 이말이라. 그래 보따릴 짊어지고 자기 고향엘 가서 보니말이지 뭐 그 자기 집이 그 전에 오두막집인데말이지 아주 기와집에 우라우러하니 뭐뭐 잘 해 놨어[59]

② 이러 먹구 몇 해를 살다가 하루는 그 여자 말이,

"집엘 좀 가라."구 말이야.

"그, 어째 집엔, 그렇게 아덜을 많이 놔두구 와 가지구 집 생각을 하나두 안하냐?"구 말이지.

"집엘 좀 가 보라."구. 그 여비를 해서 말을 한 필 줘서 타구 떡 집에 가니[60]

이야기 ①을 살펴보면 남자가 할아버지 제사로 인해 집에 가보겠다고 하자 지네각시는 흔쾌히 다녀오라고 한다. 그러면서 남자가 가지고 갈 재물을 싸준다. 이야기 ②는 지네각시가 먼저 집에 있는 아이들이 걱정되지 않느냐면서 남자에게 집에 가보라고 한다. 한 집안의 가장으로서 남자가 책임져야 하는 제사 문제와 아이들 문제에 대하여 지네각시는 본인이 대신 해결해 줄 수 없지만 남자가 고민하고 생각할 수 있도록 도와주는 것이다.

---

59 박종근(남, 61), <가난한 머슴과 천년 묵은 지네>, 대구시 설화125, 『한국구비문학대계』 7-13, 482~489면.

60 강학철(남, 66), <천심에 의한 보은>, 현남면 설화 77, 『한국구비문학대계』 2-4, 746~752면.

지네각시는 남자가 해결해야 하는 문제에 자신의 일처럼 직접 다가가고자 한다. 남자가 먼저 언급을 하였든지 지네각시가 나서서 언급하였든지 간에 지네각시는 남자가 가장으로서 책임져야 하는 부분에 대하여 함께 책임지고자 한다. 이로 인해 지네각시는 남자가 가지고 있던 두 가지 문제에 대하여 모두 함께 책임을 지게 되었다. 그런데 타인의 문제에 적극 개입하게 되는 것은 누군가의 삶에 영향을 미치는 일이기 때문에 위험한 일이 될 수 있다. 이 시점에서 지네각시의 행동에 의문을 가지지 않을 수 없다. 지네각시가 아무런 조건 없이 죽으려는 남자를 도와주고, 물질적인 풍요를 주고, 남자의 가족까지 잘 살게 해 주려고 하는 이유에 대해서 말이다. 사실 지네각시가 남자에게 도움을 주려고 하는 것에는 '의도'가 깔려 있기 때문이다.

> 당신헌티 적선(積善)히서 좋은 일을 허고 난 뒤여(뒤에) 적선을 허며는 나는 개분(가벼운) 거시기라 갔다 오고 나며는 당신은 이 고라당(골짜기)의 내한티 선약(仙藥)을 받어 가지고서 참 장생불사(長生不死)를 허시라는 약을 내힌티 받어 가는 사람이 되고, 나는 당신한티 그 적선히서 좋은 일혔다고 봐서 내일은 내가 지네 허물을 벗고 딸로 인자 선녀로 돼서 올라가는 몸이고[61]

> "우리가 인간 사램이 아니고 천상에서 죄를 짓고, 이래 우리 남매를 보낼 때에 니든지 저저 적선하고 성공한 사램이 득천하지 그렇지 않으면 인간에서 펭상을 짐승으로 지내다 죽고 말끼다. 하니 너거 둘이 그저 정성

61 안수문(남, 56), <지네와 산 사람(1)>, 대야면 설화 9, 『한국구비문학대계』 5-4, 622~627면.

껏 해와라. 캐서 그래 내려와서 거석했는데, 장– 우리 남매가 싸우던 중이라고, 먼저 득천할라고. 아무리 나부대니 하나 안죽고는 못 하겠다 이기라. 그래서 당신을 만냈고 당신이 저 아무데 저게 안 떨어졌냐고. 떨어질 때에 그 내 당신을 받들었다."이카거던.[62]

위의 원문을 살펴보면 지네각시가 남자를 도와주게 된 경위를 밝히고 있다. 지네각시는 처음부터 천상에서 죄를 짓고 내려온 선녀였다. 선녀는 다시 하늘로 올라가기 위해서는 혹은 평생 짐승으로 지내지 않기 위해서는 누군가에게 적선을 해야 한다는 것이다. 두 번째 이야기에서는 적선을 할 때 정성껏 해야 한다고까지 강조하고 있다. 이제서야 왜 지네각시가 알지도 못하는 남자가 힘들어 자살하고자 할 때, 도움을 주었는지 확인할 수 있게 되었다. 지나가는 길에 우연히 남자를 도와준 것이 아니었다. 도움을 줄 수 있는 누군가를 지속적으로 찾고 있었다는 말이 된다. 도와줄 만한 사람을 찾은 지네각시는 정성껏 도움을 주기 위해서 남자의 경제적인 문제만 해결해 주지 않고 남자가 직접 해결해야 하는 문제 속으로 들어가게 된 것이다.

지네각시는 자신의 죄를 씻고 다시 하늘로 올라가기 위하여 남자를 찾았고, 남자에게 도움을 주었다. 지네각시의 도움에는 다분히 의도가 있었다고 할 수 있다. 도움을 줄 남자를 찾지 못했으면 영원히 지네각시는 지네의 모습에서 벗어나지 못하고 천상으로 올라가지 못했을 것이다. 그렇기 때문에 지네각시는 절대적으로 남자가 필요했고, 의도성을 가지고 도움을 주었다고 할 수 있다.

---

62 임기복(남, 72), <지네의 승천>, 북상면 설화 10, 『한국구비문학대계』 8-6, 70~74면.

지네각시가 의도를 갖게 되자 중요하게 작동하게 되는 부분이 생성되었는데 이는 상대방의 문제에 개입하고 이를 해결하고자 하는 '책임감'이 발생한다는 점이다. 의도적으로 반드시 도와주어야 한다는 목적이 발생하자, 이를 끝까지 책임지고자 하는 것이다. 의도성과 책임감을 동반한 도움은 타인에게 큰 영향을 미칠 수밖에 없다. 또한 의도를 갖고 책임지고 도와준 덕분에 남자는 지네각시가 원하는 대로 필요할 때에 지네각시가 원하는 것 이상을 들어주게 되는 것이다.

우리는 보통 순수하게 도움을 주어야 한다고 생각한다. 내가 의도를 가지고 도움을 줄 때에는 그 도움의 의미가 훼손된다고 생각한다. 하지만 〈지네각시〉를 통해 보면 의도를 가지고 도움을 주었더라도 타인에게 가장 필요한 도움을 줄 수 있다면 그것은 큰 문제가 되는 것은 아니라고 할 수 있다.

각자가 모두, 잘 사는 길

여인은 남자에게 필요한 도움을 주었다. 그리고 그 도움은 추후 남자가 자신을 도와주었면 하는 바람을 염두에 두고 한 행동이다. 지네각시는 의도를 가지고 남자가 자신에게 도움을 주기를 고대한 것이다. 그런데 그런 바람을 가지고 있다고 해도 자신을 위해 남자가 행동해 줄 것을 알았을까? 결론을 말하자면, 그렇지 않다. 지네각시가 미리 알고 남자를 도와준 것이 아니라 자신이 도와주면 혹여나 다시 자신에게 필요한 것을 상대방이 주지 않을까 하는 바람에서 한 행동이다. 지네각시가 상대방에게 열렬한 도움을 주었다고 한들 자신에게 돌아온다고 한다는 보장은 없다. 지네각시의 성공은 종국엔 상대방의 선택에 따라 달라지기 때문이다. 내가 직접 선택할 수 없고 타인의 선택에 의해 나의 미래가 결정된다는 설정은 다른 각편에서 가끔 지네각시의 실패를 보여주기도 한다. 앞서도 언급하였듯 우리의 옛이야기는 말로 전승되어 오는 과정에서 조금씩 내용이 변화하는데, 어떤 내용에서는 침을 지네각시에게 뱉어서 지네 각시를 죽여버리는 내용이 있기도 하다. 그러한 시각에서 볼 때, 지네각시의 도움이 반드시 보답을 받을 것이라는 보장은 없다. 하지만 그래도 더 많은 비율로 남자는 지네각시에게 보답을 하는 것으로 나타난다. 전승되고 있는 〈지네각시〉 64편 중에서 49편에서 자신을 구해준 여인이 지네 혹은 구렁이라는 것을 알았지만 남자는 죽을 것을 각오하고 지네각시를 해치지 않는다. 자신을 죽을 위기에서 구해준 여인에 대한 보답을 확실하게 하는 것이다.

여기에서 중요한 것은 지네 각시가 의도성을 가질 때 생각해야 하는 부분이 명확하게 나타난다는 점이다. 지네각시는 분명히 의도성을 가졌다. 그래서 의도성을 가지고 순수하지 못한 마음으로 남자에게 접근한 것이 맞다. 하지만 중요한 것은 의도성을 가지고 남자가 자신에게 도움을 주기를 바랐을 뿐, 상대가 자신에게 '반드시' 돌려주어야 한다고 생각한 것은 아니라는 점이다. 우리는 누군가에게 도움을 줄 때, 상대방이 나의 바람도 들어주어야 한다고 생각하는 경우가 많다. 그런 생각이 틀렸다는 것은 아니다. 다만, 나의 바람을 들어주는 것은 상대방이 선택할 일이다. 그 선택을 반드시 들어주어야 한다고 생각하는 순간부터 관계에는 위기가 찾아온다. 내가 원하는 것은 상대방이 무조건 들어줄 수는 없다. 그 사람은 그 사람만의 관계 맺기 방식이 있는 것이고, 내가 상대방에게 주고자 한 것이 상대방에게는 그렇게 필요 없을 수도 있었던 것이다. 물론 지네각시는 상대방이 필요로 하는 것을 주었다. 하지만 그렇다고 하더라도 마찬가지이다. 상대방이 원하는 것을 준 것은 바로 '나'이다. 내가 좋아서 내가 의도해서 상대에게 주었는데, 상대방이 나에게 돌려주지 않는다고 할 경우, 내 마음에는 '원망'이라는 마음이 생긴다. 내가 의도를 가지고 상대를 도와줬다고 하더라도, 상대방이 내가 원하는 것을 들어주지 않아도 된다는 마음까지 같이 가지고 가는 것이 중요하다.

그래도 〈지네각시〉에서 남자는 여인이 의도한 바를, 여인이 원하는 것을 되돌려 준다. 그래서 지네각시의 의도성이 빛을 발하게 되는 지점은 남자에 의해서이다. 지네각시의 의도 및 목적은 다시 하늘로 올라가는 일이다. 사람이 되고 싶은 각편의 경우는 남자와 함께 살기도 하지만 대부분 죄를 짓고 땅으로 떨어진 선녀이기 때문에 다시 하늘로 올라가고자 하는 것이다. 이렇게 서로 도움을 주는 관계는 반드시 같이 살아야 함께 할 수 있는 것은 아니다. 서로가 각자의 공간에서 잘 살 수 있는 것이다.

이야기,
삶을 통하다

05 내 복은 내 꺼다!

부모에게 분리된 독립된 존재라는 확신, "내 복에 살아요."

"새해 복 많이 받으세요."라는 인사나 "너는 참 복 받은 사람이야."라는 칭찬 등에서 볼 수 있듯이 우리나라 사람들은 '복'이라는 단어를 일상 생활에서 종종 활용한다. 그리고 그 복을 얼마나 타고 났는지 살펴보기 위해서 사주팔자를 보기도 한다. 사주팔자에 자신의 복이 얼마나 많이 담겨있는지 확인하면서 내가 잘 되는 이유가, 그리고 안 되는 이유가 무엇인지 생각해 보기도 한다.

그런데 우리는 내가 복을 가졌다는 것을 스스로 이해하고 생각하고 있을까? 비율로 따져 보면, 스스로를 평가할 때 복이 많다고 할 때보다는 복이 없다고 생각하는 때가 많은 것 같다. 그러면서 "왜 나에게만 이런 일이 생기지?"라고 말한다. 누구나에게 불행한 일은 찾아오지만, 나에게 찾아온 불행이 가장 무겁기 때문에 우리는 '나에게만' 이런 나쁜 일이 생긴다고 생각하고, 나는 복이 없다고 판단하기 일쑤이다. 그렇다면 반대로 내가 복을 가지고 있다고 생각하는 사람. 그 사람은 어떤 행동 방식으로 살아가는지 확인해 보고자 한다.

옛날에 어느 부잣집에 딸 셋이 있었어요. 하루는 아버지가 큰 딸을 불러 누구 덕에 먹고 사느냐고 물었어요. 큰 딸은 부모님 덕이라고 말했다. 아버지가 둘째 딸을 불러놓고 똑같이 물었는데 그 대답도 큰 딸과 같았어요. 아버지는 셋째 딸을 불렀어요.

"셋째야, 너는 누구 덕에 먹고 사니?"

"아버지, 저는 제 덕에 먹고 살아요."

"뭐라고? 이런 괘씸한 것 같으니!"

화가 난 아버지는 지나가는 숯을 만들어 파는 숯장수에게 딸을 데려가라고 해 버렸어요. 셋째 딸은 자기 복은 자신이 가지고 간다면서 곳간에서 쌀을 서 되 서 홉을 퍼서 숯장수를 따라 나섰어요.

셋째 딸은 숯장수를 따라 산골로 들어가서 살림을 차렸어요. 딸은 가지고 온 쌀로 밥을 지어 시어머니에게 밥을 차려 드린 다음 밥을 이고서 숯 굽는 곳으로 갔어요. 그런데 숯을 굽는 곳에 금덩이가 있는 것이었어요. 숯장수는 그 돌이 금인지 몰랐지만, 셋째 딸은 금덩이인 것을 알아보고는 숯장수에게 내일부터는 숯을 굽지 말고 거기에 있는 돌을 팔아오라고 했어요. 그리고 아무리 사람들이 돌을 판다고 놀려도 꾹 참고 혹시 어떤 노인이 사러 오면 비싼 값을 받고 팔라고 당부했어요.

다음 날 숯장수는 셋째 딸이 팔아오라는 돌을 지고 장에 갔어요. 사람들은 돌을 발로 툭툭 차며 돌을 판다고 놀리며 지나갔지만, 숯장수는 셋째 딸이 당부한 대로 꾹 참고 견뎠어요. 저녁이 되자 셋째 딸의 말대로 노인이 나타나더니 숯장수에게 돌을 얼마에 팔 것이냐고 물었어요. 숯장수가 비싼 값에 팔겠다고 하자, 노인은 허허 웃으며 많은 돈을 주고 돌을 사갔어요. 그리하여 숯장수 집은 큰 부자가 되어 잘 살았어요.

그러던 어느 날 셋째 딸은 그만 병이 들고 말았어요. 숯장수가 왜 그러냐고 하자, 부모님이 거지가 되었을 것을 생각해서 그러하다고 했어요. 숯장수가 어떡하면 되느냐고 물었더니, 셋째 딸은 거지 잔치를 열흘만 하자고 했어요. 그리고 셋째 딸은 하인에게 돈을 주며 대문을 열었다 닫았다 할 때마다 자신의 이름인 "옥점아!"하는 소리가 나도록 만들어달라고 했어요. 거지 잔치를 한지 열흘째가 되자 전국 각지의 거지들이 다 모여들었는데, 한 쪽 구석에 거지 내외가 문을 여닫는 소리를 들으면서 울고 있는 것이었어요. 하인이 그것을 셋째 딸에게 고하자, 셋째 딸은 부모가 왔다는 것을 알고 달려 나가 맞이하였어요. 마침내 부모를 찾은 셋째 딸은 부모님을 잘 모시고 살았답니다. (정운채 외, 『문학치료 서사사전』 1, 2009. 참고)

부모가 자녀를 양육할 때, 경제적 능력이 많은 부모일수록 자녀에게 해준 것이 많다고 생각하는 경우가 많다. 금수저라는 표현이 우리 사회에 만연한 것만 보아도 그렇다. 금전적인 능력이 있는 부모가 양육하는 경우 우리는 그 자녀를 금수저라고 칭하고, 그 안에는 많은 것을 부모에게 받고 자라난다고 생각하게 된다. 어찌 보면 이번에 함께 읽은 이야기 〈내 복에 산다〉의 셋째 딸도 그런 금수저 중에 하나라고 볼 수 있다. 이야기에서 부모는 부자로 나온다. 그 부자인 아버지는 자녀들에게 으스대며 너희들이 누구의 복으로 잘 사는지를 묻는다. 아버지가 자녀들에게 누구의 복으로 사느냐고 묻는 것은 정말 자녀들의 의견을 묻는 것은 아니다. 흔히 말하는 '답정너'. 답은 정해져 있다. "아버지 복에 살아요~" 이 답을 아버지는 기대하고 묻는 것이다.

이야기에서 누구 복에 사느냐고 묻는 아버지의 모습은 매우 권위적으로 나타난다.[63] 아버지가 딸에게 누구 덕에 사느냐고 물어보는 것은 딸에 대한 아버지의 영향력을 보여주고자 함이다. 아버지의 물음은 딸들에게 "너희들은 나에게 속한 존재야."라고 말하는 것과 같다. 아버지는 자녀들이 자신에게 소속된 존재이며, 자신이 원하는 대로 행동해야 한다고 언급하는 것이다. 이러한 의미를 담은 물음을 하는 아버지에게 첫째 딸과 둘째 딸은 "아버지 덕에 산다."고 대답한다. 두 딸들도 아버지가 왜 묻는지 알았을 것이다. 아버지가 아버지 덕에 자신들이 잘 산다고 대답하기를 바라는 것을. 그래서 첫째와 둘째는 이를 확인시켜주듯 자신들이 아버지에게 속해 있는 존재라는 것을 확인시켜 주는 대답을 한다. 첫째와 둘째에게 원하는 대답을 들은 아버지는 더 어린 셋째 딸 또한 같은 대답을 할 것이라고 예상했을 것이다. 그러나 예상과는 다르게, 셋째 딸은 아버지에게 "저는 제 복에 살아요."라고 대답한다. 아버지에게 속한 존재가 아니라는 것을 확실하게 이야기하는 것이다. 셋째 딸은 자녀가 아버지에게 독립된 존재라는 것을 강력히 주장한다. 자신의 테두리 안에 가두려는 아버지와 이에

---

63 많은 선행연구에서 설화 <내 복에 산다>에서 나타난 아버지의 모습을 권위적인 가부장이라고 이야기하고 있다. (김미숙, 「<삼공본풀이>에 나타난 공간의 의미 : '집'을 중심으로」, 『구비문학연구』 제25집, 한국구비문학회, 2007; 박영선, 「민담 <내 복에 산다>의 분석심리학적 해석, 『심성연구』 제25집, 한국분석심리학회, 2010; 신동흔, 「구비문학에 나타난 부녀관계의 원형 – '집 나가는 딸' 유형의 설화를 중심으로」, 『구비문학연구』 제28집, 한국구비문학회, 2009; 이인경, 「<가믄장아기>와 <리어왕>의 주제적 비교 연구」, 『구비문학연구』 제27집, 한국구비문학회, 2008; 조은희, 「"내 복에 산다"와 "복진 며느리"의 여성의식 변모양상, 『우리말글』 제24집, 우리말글학회, 2002.)

대응하는 딸의 모습이 나타난다.

> 뭐라 카는고 하니, "내 복에 먹고 살지요." 하거던. "시상에 조른 게 있나? 니는 나가라." 후체냈다. 아버지가 호령을 해서 후체냈다. 이거 참 지망이 없이 나가는 기라.

위의 이야기에서 확인할 수 있듯이 "내 복으로 산다"는 대답으로 인하여 셋째 딸은 아버지에게서 후려쳐 진다. 집에서 쫓겨나게 되는 것이다. 그러나 이는 비단 쫓아내서 나가는 것만은 아닐 것이다. 셋째 딸은 스스로 집을 나가는 것이라고 할 수 있다. 단지 이야기상에서 쫓겨나는 것으로 표현될 뿐이다.[64] 이에 더하여 다른 논의에서는 설화의 내용 중 부모에게 쫓겨나는 것은 '심리적 독립'을 표현하는 것이라고 하였다.[65] 다시 말해 심리적인 독립이 이루어지는 것은 이야기상에서 자녀들이 부모의 집에서 쫓겨나는 것으로 나타나게 된다.[66] '집'은 부모가 지어 놓은 부모의 세계이다.[67]

---

64 신동흔은 이와 같은 논리에서 딸들이 '스스로 집을 나갔다'고 표현하고 있다. 이는 주인공 스스로 아버지에게 순종하기를 의식적으로 거부했기 때문이라고 이야기한다. (신동흔, 「구비문학에 나타난 부녀관계의 원형-'집 나가는 딸' 유형의 설화를 중심으로」, 『구비문학연구』 제28집, 한국구비문학회, 2009, 153면.)

65 김혜미, 「한부모의 이성 관계를 거부하는 아동에 대한 문학치료 설계」, 건국대학교 석사학위논문, 2009, 18면.

66 이야기에서 자녀가 집을 떠난다는 것은 부모와 분리 독립하는 것을 감당할 수 있는 서사를 얻는 것이라고 볼 수 있다. 이를 「한부모의 이성 관계를 거부하는 아동에 대한 문학치료 설계」는 부모와의 '별거'로 표현하고 있다. (김혜미, 「한부모의 이성 관계를 거부하는 아동에 대한 문학치료 설계」, 건국대학교 석사학위논문, 2009, 23~24면.)

67 아버지의 '집'과 관련하여 김미숙은 가믄장아기가 '아직 정체성이 완성되지 못 한 미완성의 공간'이라고 언급하고 있다. (김미숙, 「<삼공본풀이>에 나타난 공간의 의미 : '집'을 중심으로」, 『구비문학연구』 제25집, 한국구비문학회, 2007, 425면.)

그렇기 때문에 설화 안에서 아버지의 집을 나가는 것은 '부모의 세계로부터의 탈출'이라고 할 수 있다. 이러한 셋째 딸의 모습은 청소년기에 나타나는 부모와의 분리-개별화에 대한 욕구와[68] 연관하여 설명할 수 있다. 청소년기는 새로운 역할에 대해 기대를 받으며 자아정체성을 찾게 되는 시기이다.[69] '내가 누구인지, 무엇을 해야 하는지'에 대하여 생각하는 과정에서 부모와 자신은 다른 존재라는 것을 인식하게 되는 것이다. 이렇게 심리학에서 말하는 분리-개별화를 잘 이루고 있는 것이 셋째 딸의 모습이다. 즉 셋째 딸은 부모로부터 심리적인 독립을 하고 있다고 볼 수 있다. 심리학 등에서는 청소년기에 부모에게서의 심리적 독립이 중요하다고 언급하고 있다. 그러나 그러한 독립이 어떠한 모습으로 나타날 수 있는지에 대한 설명은 구체적으로 언급하고 있지 않다. 그런데 옛이야기 〈내 복에 산다〉에서는 그러한 분리-개별화가 이루어지는 모습을 보여준다는 점에서 이 야기의 중요성을 타진할 수 있다. 결과적으로 아버지의 물음과 셋째 딸의 대답을 통해 보여지는 셋째 딸과 아버지와 갈등을 보이는 부분은 셋째딸이 '심리적인 분리에 성공한 단계'라고 할 수 있다. 즉 자녀가 부모와의 분리-개별화의 욕구를 드러내고, 부모와 자신의 삶을 분리시키고 있다고 할 수 있다. 자녀가 부모에게 소속된 존재가 아니라는 것을 보여주어 자아정체성을 찾고자 하는 움직임이 나타나게 되는 것이다.

---

68 장근영·윤진, 「청소년기 자아중심성 : 분리－개별화과정 및 역할취득 수준과의 관계」, 『한국심리학회지 : 발달』 제5권, 한국심리학회, 1992, 159~160면.

69 장근영·윤진, 「청소년기 자아중심성 : 분리－개별화과정 및 역할취득 수준과의 관계」, 『한국심리학회지 : 발달』 제5권, 한국심리학회, 1992, 159.

나의 금덩이를 찾아서

셋째 딸은 아버지로 인하여 숯장수를 만나게 된다. 우리 옛이야기에서 '숯장수'는 많이 나오는 등장인물이다. 어떤 이야기에서 등장하든지 숯장수는 가난한 남자를 대표한다. 셋째 딸은 가난한 남자를 만났더라도 언제나 남자를 부자로 만들어 준다. 숯장수의 집으로 가는 것은 셋째 딸이 자신의 집을 떠나 새로운 독립의 공간으로 간 것을 의미한다. 셋째 딸이 진입한 새로운 공간에서 셋째 딸은 부모의 품을 떠나 독립적으로 살아가는 구체적인 양상이 드러난다. 셋째 딸이 허풍이나 거짓말로 "내 복에 산다." 고 대답한 것이 아니라 진짜 자신의 복으로 인하여 잘 산다는 것이 숯장수의 집으로 가서 증명된다. 처음으로 아버지의 집에서 벗어나 자신이 만들어 나갈 수 있는 공간으로 가는 것이다. 이때 셋째 딸은 진짜 자신의 복으로 잘 산다는 것을 보여주고자 하는데, 이는 '금덩이'를 통하여 형상화된다.

> <u>예식을 마치고 둘이 사는데,</u> /"당신 나 시키는대로 하소."/"그래."/"숯 굽는데 이망돌 그걸 조금 깨어다가 아무데 장에 가서 팔아가 오소."/"그래 어째 파노?"하니,"살라카는 사람이 있거든 지 값만 돌라 카면 파소."그래 가서 바라고 있어도 돌 그거 사자 하는 자 하나 없거던. <u>그래 해가 다 져 가는데, "그 얼매 하느냐?"묻거던, 그래, 지 값만 돌라 하니 돈을 주거던. 그래 지 마누라한테 와서 맺고, 고, 그 다음날 그래 그 이망돌을 다 갖고 파는 기라. 그 때는 돈이 있으니 나무를 사서 집을 지갖고 거창하게 잘 산다 말이라.</u>[70]

---

70 이민호(남, 56), <제 복으로 먹고 사는 이야기>, 남상면 설화 34, 『한국구비문학대계』 8-5, 921~924면.

금덩이를 찾는 것은 이제 더 이상 부모에게 의지하지 않아도 되는 상태를 말한다. 이야기에서 셋째 딸이 금덩이를 찾은 것은 자신이 잘 살 수 있는 실질적인 방법을 마련한 것이라고 할 수 있다. 아버지의 집을 나온 것이 부모에게 심리적으로 의지하지 않는 것을 의미한다면, 금덩이를 찾아 부자가 되는 것은 실질적으로도 의지하지 않는다는 것을 보여준다.

처음 셋째 딸이 집을 나갔을 때, 바로 좋은 집과 좋은 음식을 먹고 산 것은 아니다. 이는 심리적인 독립을 한다고 해서 바로 실질적인 독립에 들어가지는 못한다는 것을 의미한다. 주위를 둘러보며 천천히 내가 어떻게 '나'의 복으로 살 수 있을지 궁리해야 가능하다. 그러다가 숯구이 총각은 몰랐지만 '나'는 알아볼 수 있었던 금덩이를 찾게 된 것이다. 이렇게 금덩이를 찾는 것은 제대로 된 '나'만의 공간을 만들 수 있는 능력을 갖게 되는 것을 의미한다고 할 수 있다.[71] 이전의 셋째 딸은 말로만 "혼자 살꺼야!"라는 모습으로 비칠 수 있으나 '금덩이'를 찾은 셋째 딸은 실제로 독립할 수 있는 모습을 보여준다. 이런 측면에서 보면 셋째 딸의 금덩이는 무언가를 찾아낼 수 있는, 숨겨져 있는 것도 찾아 낼 수 있는 안목이라고도 볼 수 있다. 남들은 돌로 보이지만, 자신은 금으로 볼 수 있는 것. 그러한 안목이 어찌보면 셋째딸의 금덩이라고 보인다.

이러한 셋째 딸의 모습은 청소년기의 심리적 독립을 통하여 실질적 독립을 이루어 자아정체성을 확립하는 것으로 볼 수 있다. 자녀가 부모와 함께 있을 때, 부모가 보기에 자녀는 '슬하'에 있어야 하는 존재이다. 이때

---

71 셋째 딸이 금덩이를 발견하는 것에 대하여 박명숙은 타고난 복과 능력이 합쳐져야 얻어낼 수 있는 산물이라고 이야기하고 있다. (박명숙, 「한·중 <제 복에 산다>형 설화 비교연구」, 『구비문학연구』 제24집, 한국구비문학회, 2007, 376면.)

슬하의 자녀들은 자신의 정체성을 확인하기 어렵다. 부모가 결정하는 것을 따르게 되는 경우가 많기 때문이다. 그러나 이렇게 분리-독립이 완전히 진행되면 자신의 정체성을 확립시킬 수 있게 된다. 그렇기 때문에 청소년기에 나만의 금덩이를 찾는 일은 중요하다. 내가 실제로 할 수 있는 일을 찾아 나만의 공간을 만들어내고자 하는 욕구가 실현되지 않으면 평생 부모에게 의지해 살아갈 수밖에 없다. 이러한 구체적인 모습을 설화 〈내 복에 산다〉에서 보여주고 있기 때문에 이를 청소년기에 내면화하는 일은 매우 중요하다고 할 수 있다. 셋째 딸이 숯장수와 결혼을 한 후 부자가 되는 부분은 '실질적 독립'이 이루어지는 단계이다. 실질적으로 분리와 독립이 이루어져 자아정체성을 확립하는 단계라고 할 수 있다.

부모와 함께 내 복에 사는 법

셋째 딸처럼 자신의 정체성이 확립되면 부모가 어떠한 모습을 하고 있더라고 이에 휘둘리지 않고 부모와 대면할 수 있게 된다. 그렇기 때문에 설화에서 셋째 딸이 부모를 찾을 수 있는 모습을 보이는 것이다. 셋째 딸은 어느 날 갑자기, 아프다. 왜 아픈고하니 '거지'가 된 부모 생각 때문이다. 셋째 딸을 쫓아낸 후 아버지와 가족들은 '거지'가 되었다. 이러한 아버지의 모습에 대하여 '아버지의 완벽한 패배'[72]라고 이야기하기도 하고, '아집에 갇힌 삶의 귀결이 나타난 모습'[73]이라고 이야기하기도 한다. 어찌 되었든

72 김영희, 「'아버지의 딸'이기를 거부한 막내딸의 입사기－구전이야기 <내 복에 산다>를 중심으로－」, 『온지논총』 제18집, 온지학회, 2008, 420면.

지 간에 자신의 마음에 들지 않는다는 이유로 딸을 쫓아낸 아버지가 잘 살 수 없다는 것을 공통적으로 언급하는 것이라고 할 수 있다. 자신의 마음에 들지 않는 관계를 단절하고자 하는 사람은 비단 자녀에게만 그렇게 대하지는 않을 것이다. 다른 관계에서도 '단절'된 모습을 보여줄 것으로 예상할 수 있다. 자신이 원하는 대로 되지 않으면 상대방과의 관계를 단절시켜 버리는 것이다. 이렇게 단절된 삶을 산 아버지는 자연스레 망할 수밖에 없다.

> 살면서, 그래 대목더러 "집을 짓고 대문을 달기를 지 이름이 매환데 대문을 열면 매화야 카도록 고래 달아 주시소." 그래. 참 대목이 시키는대로 대문을 열면 '매화야' 부른다. **틀림없이 아부지가 거지가 되어서 내한테 찾아 온다는 걸 딱 알고 있거든.**

위의 이야기를 보면 알 수 있지만 셋째 딸 또한 아버지가 '거지'가 될 것을 미리 알고 있었다. 그렇기 때문에 미리 준비를 해 놓고 기다리고 있었던 것이다. 앞서 언급했듯, 아버지의 단절된 인간관계의 모습은 아버지가 '거지'가 되었을 것으로 예상하기에 충분하다. 이렇게 거지가 된 아버지에게 자녀들은 복수를 하고 싶을 수도 있고, 더 이상 만나고 싶어 하지 않을 수도 있다. 그러나 셋째 딸은 그렇게 하지 않는다. 여러 각편을 살펴보면 셋째 딸이 아버지를 곁에 모시고 잘 산다고도 하고, 아버지의 병을 낫게 하였다고도 한다. 이는 아버지가 어떤 상태이든지 간에 셋째 딸이

---

73 신동흔, 「구비문학에 나타난 부녀관계의 원형-'집 나가는 딸' 유형의 설화를 중심으로」, 『구비문학연구』 제28집, 한국구비문학회, 2009, 299면.

아버지를 책임질 수 있는 상황이 되었다는 것을 의미한다. 그렇기 때문에 셋째 딸이 단순히 아버지에게 반항을 하기 위해 내 복에 산다고 대답한 것이 아니라는 것을 증명하는 것이기도 하다. 스스로 독립적인 한 개체인 것을 보여준 후 부모에게 다시 다가가는 것이다.

> 즈아버지 덕으로 산다는 년들은 전부 망해 버렸어. 친정을 홀랑 벳겨 먹고 그냥 옷도 못 입고 몽당치매만 입고 사는디 저 어머니 아버지가 거지가 됐어. 딸년들은 다 거지가 돼버리고. 그리서 인자 빌어먹으로 댕이네. 빌어먹으로 댕기다 헐덕병이 걸렸단 말여. 어디 가서 물어, "뭘 먹으야요?" / "당신은 저 금주전자 금식기에다 밥을 먹어야 낫는다."고. 아 근디 금식기 금주전자가 어디가 누가 있어. 게 사방 빌어먹고 댕기다가 거그를 당도혔어. "이집에 밥 일렀오?" 그런게 <u>내다본게 즈아버지여. "아이고 어서 나가 모시라." 목욕시키고 이렇게 해서 옷도 해 입히고 그래갖고 금주전자 금밥그릇으다 밥을 디린게 댕 뱅이 낫드라네. 그리서 지복으로 먹고 지복 있어야 먹고 산단 말이 그 말이 맞어.</u>[74]

셋째 딸이 부모를 찾게 되자, 부모는 그제야 자녀가 자신이 소유한 존재인 줄 알고 있었다가 자신과는 또 다른 하나의 독립적인 인간이라는 것을 알게 된다. '자기 덕에 자기가 먹고 산다'고 했던 셋째 딸의 말을 이해하고, 그것을 받아들여 주는 것이다. 이러한 상황이 되면 부모는 자신이 자녀를 책임져야만 하는 것이 아니라 자녀도 부모를 책임질 수 있는 사람이라는

---

74 서보익(남, 76), <자기 복으로 산다>, 태인면 설화 31, 『한국구비문학대계』 5-6, 219~222면.

것을 깨닫게 된다.[75] 이로 인하여 자녀와 부모는 '함께'할 수 있는 삶을 살 수 있게 되는 것이다.

그런데 셋째 딸이 부모를 찾는 것은 단순한 의미로의 관계 회복이라고 말하기 어렵다. 이야기에서 '거지'라고 나타난 것처럼 이미 망해버린 부모의 삶을 감당해야 하는 상황이다. 이 수준은 청소년기에 감당하기에는 벅차다. 부모가 '내가 낳아주었으니 당연히 힘든 나를 감당해야 한다'라고 하는 식의 압박으로 다가온다. 그렇기 때문에 셋째 딸이 부모를 찾는 부분에서 놓치지 말아야 할 지점은 자녀가 '성공 후 포용이 가능'하다는 것이다. 거지가 된 부모를 거두면서 자녀가 본인의 정당성을 입증하는 승리에 이르면서도, 나와 부모가 모두 안전한 관계를 지향하게 되는 것을 보여준다. 결국 부모와 자식 간의 상생을 의미한다.

'셋째 딸이 거지가 된 부모를 다시 감싸는' 부분은 '힘을 잃은 부모의 삶도 같이 존중해주며 자신의 역량으로 부모를 감싸 안는 단계'라고 할 수 있다. 자녀가 심리적 독립을 통해 완전한 정체성을 찾게 되면 자연스럽게 부모와의 관계를 회복할 수 있게 된다는 것을 보여준다고도 할 수 있다.

---

75 졸고 「설화 <개로 환생한 어머니 여행시킨 아들>에 나타난 어머니의 문제와 그 해결 과정」에서 부모가 '자신 만이 자녀를 좌지우지할 수 있는 존재가 아니라 자녀들도 자신들을 살려줄 수 있는 존재로 인식'하면 당면한 문제가 해결된다고 언급하고 있다. 즉 부모 또한 자녀에게 기댈 수 있는 사람이고 자녀도 부모를 책임질 수 있는 상생적인 관계가 중요하다고 보는 것이다. (김혜미, 「설화 <개로 환생한 어머니 여행시킨 아들>에 나타난 어머니의 문제와 그 해결 과정」, 『고전문학과 교육』 제20집, 고전문학교육학회, 2010.)

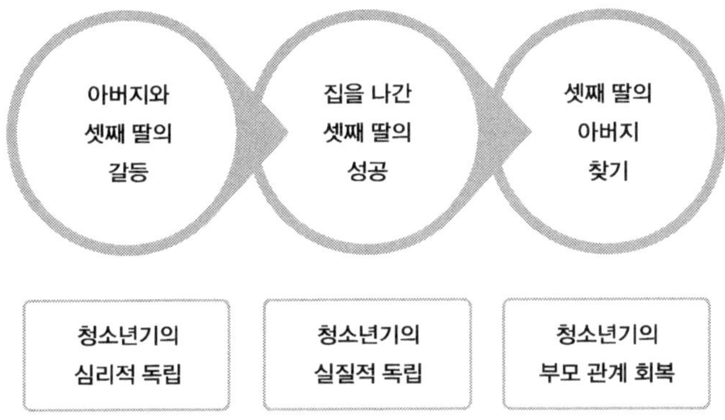

이야기 〈내 복에 산다〉에서 보여주는 위와 같은 일련의 과정은 청소년기의 건강한 분리 독립을 보여주는 이야기로 볼 수 있다. 즉 성인이 되기 전의 청소년들이 겪어야 하는 단계를 미리 보여주는 것이다. 청소년이 이러한 과정을 잘 겪어야 자신의 삶의 금덩이를 찾을 수 있고 부모와의 관계도 잘 이룰 수 있다. 이는 현대 사회에서 부모에게 계속적으로 의존하며, 부모의 그늘 밑에서 벗어나려 하지 않는 청소년에게 도움을 줄 수 있는 생생한 서사가 될 수 있다. 또한 청소년이 부모와 갈등을 빚고 있더라도 그것이 한 층 성장할 수 있는 계기가 될 수 있다는 것을 알려주는 서사가 될 수 있다. 이러한 성장이 제대로 이루어지게 되면 부모로부터의 심리적·실질적 독립이 가능하여 '자아정체성'이 확립될 수 있는 것이다. 이는 심리학에서도 청소년에게 강조하는 것이라고 할 수 있다.

그런데 '자아정체성 확립'까지가 청소년기에 진행되어야 할 것이라고 생각하면 궁극적으로 설화 〈내 복에 산다〉가 이야기하는 것에는 다가가지 못한다. 설화 〈내 복에 산다〉는 심리적·실질적 독립, 자아정체성 확립을 넘어서서 '성공을 통한 관계 회복'까지 이야기하고 있다. 그렇기 때문에 설화 〈내 복에 산다〉는 심리학에서 말하는 개체의 성장을 넘어선 수준을 지향하고 있다고 볼 수 있다. 나의 성장과, 건강한 방식의 세대교체를 통한 세상의 성장을 동시에 이루는 이야기인 것이다. 이는 매우 어려운 문제이지만 꼭 필요한 이야기이다. 그렇기 때문에 청소년이 당장은 소화하지 못하더라도, 미래적 지향점으로 각인되어야 한다. 이것이 바로 설화 〈내 복에 산다〉의 전승가치인 것이다.

이러한 맥락에서 〈내 복에 산다〉를 살펴보면 설화가 예전의 것으로만 머물지 않고 현대에도 계속적으로 필요한 것이라는 점을 확인할 수 있다. 심리적·실질적 독립, 자아정체성 확립, 성공을 통한 부모와의 관계 회복은 현대를 살아가는 청소년이 꼭 내재화되어야 하는 사항들이라고 할 수 있다.

06 타인의 복을 구하자 나의 복이 함께 구해지다.

남의집살이, 남의 인생 살이

앞서서 복에 대해 이야기를 나누어 보았다. 그런데 그렇게 당당하게 자기에게 있다고 말할 수 있는 사람이 있는가하면. 복이 있다고 생각하지 못하는 경우도 있다. 절대 나에게는 없다고 할 수도 있다. 그럴 때, 외부에게서라도 찾아 나서야 한다. 여기 석숭이는 복이 없는 자신에게 복을 주기 위해 구복, 즉 복을 구하러 서천서역국으로 떠난다. 관련하여 이야기를 함께 확인해 보자.

석숭이 조실부모하고 남의 집에서 서른다섯이 될 때까지 머슴을 살았어요. 하루는 석숭이 나뭇짐을 해서 내려오다 보니 큰 못이 있어 그 옆에서 담배를 한 대 펴 물고 쉬려고 했어요. 그러면서 자신이 이렇게 고생할 테면 차라리 죽는 것이 나을 것 같은 생각이 들었어요. 석숭이 물로 그냥 빠져들려고 뛰어가는데 갑자기 공중에서 "석숭아, 석숭아. 네가 아직 때가 미진해서 그렇다. 네 윗동네 안맹한 봉사한테 가서 점을 치면 살 길을 알려줄 테니, 죽지 말고 거기 가서 점을 쳐라." 하는 소리가 났어요. 석숭은 죽더라도 마지막으로 시도해보고 죽어야겠다는 생각이 들어 윗동네 봉사한테 점을 치러 갔어요. 봉사는 이제 때가 되었다며, 내일부터 서쪽으로 몇 달 며칠이고 우조건 가라고 했어요. 가다보면 큰 바다가 있는데 거기 용왕을 만나면 살 길을 일러줄 것이라고 했어요. 석숭은 자기가 머슴 사는 집 주인에게 돈을 받고 보따리를 짊어지고 점쟁이 말대로 서쪽을 향해서 계속 걸어갔답니다.

하루는 가다가 날이 저물었는데 한곳에 으리으리한 기와집이 하나 있었어요. 석숭이 가서 주인을 찾으니 어떤 노파가 나왔는데, 석숭이 하루 머물자고 하니 사람 잘 곳이 없다면서 문을 닫고 들어가 버렸어요. 석숭이 그럼 문간에서라도 날을 새우고 가겠다며 문간에 앉았어요. 그 집 안주인이 그 소리를 듣고는 어찌 문간에 사람을 재우느냐며 객실로 들어오게 하였어요. 그리고선 저녁을 잘 차려 주었는데, 한밤중이 되자 제사음식을 차려서 갖다 주었어요. 이튿날 석숭이 조반을 먹고 떠나려고 하니 안주인이 물었어요.

"어디를 가십니까?"

"용왕을 만나면 살 길을 알려 준다고 점괘에 나왔어요. 그래서 용왕에게 찾아가는 거에요."

"그럼 제 부탁 좀 들어 주세요. 저는 젊은 과부인데 어떤 사람과 살아야만 이 재산을 잘 보전하고 끝까지 잘살 것인지 좀 알아봐다 주세요."

"그런 고민이 있으셨군요. 네, 용왕을 만나면 물어보겠습니다."

석숭이 또 며칠을 갔는데, 하루는 또 날이 저물어 어떤 집에서 묵고 가게 되었어요. 그 **집 주인양반**이 우슨 연유로 그렇게 길을 가느냐고 물으니, 석숭이 용왕을 만나러 간다고 하였어요. 그러자 주인이 한 가지 부탁을 하겠다며, 자기가 여기에 남부럽지 않게 부자 소리를 듣고 사는데 이 문 앞 화단에 나무를 심으면 꽃을 피려고 하면 말라 죽어버린다며 어떻게 해야 죽지 않고 잘 살릴 수 있는지 좀 알아봐 달라고 하였어요.

석숭이 몇 달 여칠을 걸어가다 보니 서해바다가 나왔는데, 바다 가운데에 작은 섬이 있고 그 위에 용왕이 사는 집이 있었어요. 석숭이 건널 도리가 없어 걱정을 하고 있는데 **이무기** 하나가 와서 무엇 때문에 그리 걱정하느냐고 하였어요. 석숭이 길을 떠난 자초지종을 이야기하였어요.

"소원을 들어 주시면 저쪽으로 모셔다 드릴게요. 괜찮으신가요?"

"네, 염려 마시고 이야기해 보세요."

"저는 승천을 못해서 이렇게 이무기 노릇을 하고 있습니다. 어떻게 하면 승천하게 되는지 좀 알아봐다 주세요."

"그런 고민이 있었군요. 네, 용왕에게 물어보겠습니다."

석숭이 이무기 등에 올라타서 섬에 도착하였어요. 석숭이 문틈으로 보니 그 안에 엄청나게 크고 무섭게 보이는 용왕이 있기에 문 앞에 그냥 엎드렸어요. 용왕이 석숭이 온 것을 알고 불러들였어요.

"석숭아. 오면서 세 가지 부탁을 받지 않았느냐?"

"네, 그렇습니다."

"내가 그 세가지 부탁에 대한 답을 일러주겠다. 이무기는 욕심이 많은 놈이라 여의주 세 개를 가져서 안 된 것이다. 여의주 하나는 석숭을 주고 자기는 두 개만 가지면 바로 승천할 수 있다. 그리고 큰 부잣집 화단에 꽃나무가 죽는 이유는 거기에서 두 자안 파 들어가면 금이 있는데 나무뿌리가 거기에 닿아 죽는 것이다. 그 금이 오십 섬인데 스물다섯 섬은 석숭에게 주고 나머지는 그 사람이 갖으면 된다. 금 캐낸 곳을 메우고 나무를 심으면 잘 자랄 것이다. 또 청춘과부는 남편이 죽어서 처음으로 제사음식을 먹은 사람과 살아야 평생을 잘 살 수 있다. 그리고 여의주는 조화가 무궁무진이라 입으로 부르는 대로 다 나오니 그것만 잘 알고 돌아가라."

석숭이 나와서 이무기에게 여의주 세 개 중 하나는 자기를 주고 두 개만 가지면 승천할 수 있다고 하니, 이무기가 여의주 하나를 빼서 주고는 다시 육지에 석숭을 데려다 주었어요. 석숭이 여의주를 가지고 큰 부자들 집에 도착하여 땅 속 두자 밑에 오십 섬의 금이 있어서 그런 것이라며 그 중 반은 자기를 주고 반은 그 사람이 갖되 조금이라도 당신이 더 차지하면 바로 죽을 것이라고 하였어요. 석숭이 거주가 정해지면 다시 기별을 하겠다고 하고는 부잣집을 떠나 청춘과부네 집으로 갔어요. 석숭이 과부에게 첫 방안제사 먹은 사람과 살아야 한다고 말을 하니, 여자가 석숭이 처음으로 방안제사를 먹은 사람이라며 같이 살자고 했다. 결국 석숭은 여의주도 생기고 금 스물다섯 섬도 생기고 부잣집 과부와도 살게 된 것이었어요. 그래서 오늘날에도 모두 "복은 석숭이 복을 점지하고 수는 삼천갑자 동방삭의 명을 점지해 달라."고 하는 말이 생겼답니다.

(정운채 외, 『문학치료 서사사전』1, 문학과 치료, 2009.참고)

옛이야기 〈구복여행〉은 본래 자살하려는 이야기가 등장하는 각편보다 그렇지 않은 각편이 많다. 그런데 필자가 자살하려는 행위가 드러난 각편을 내세운 것은 이런 내용이 확장된 이야기가 잘 살지 못하는 석숭의 모습을 극대화하여 나타내고 있기 때문이다. 잘 살지 못한다는 석숭의 모습을 확장된 형태로 보여주는 각편 중에서 본고에서 주목하는 것은 '죽음'과 관련된 각편들이다. 앞서 서론에서 언급하였듯이 가난하다는 설정보다 더욱 잘 살지 못하는 것에 대해 극단적으로 표현되고 있는 것이 '자살'이라고 할 수 있다. 죽음과 관련하여 또 다른 확장형 자료에서는 석숭이 '3일 안에 죽을 팔자'라는 형태로도 나타나고 있다.[76] 필자는 자살을 결심할 만큼 힘겨운 삶을 살고 있던 석숭이 여행을 통해 자살의 문제를 극복한 모습에서 〈구복여행〉에 나타난 여정의 어떠한 부분이 석숭을 죽음에서 삶으로 나아갈 수 있게 하는지 확인해 보고자 한다. 여정을 통한 변화를 확인하기 위하여 석숭의 공간에 따른 변화 양상을 살피는 것이 중요하다. 이에 공간의 이동을 함께 살펴보면서 삶으로 나아간 석숭의 행동을 함께 확인해 보도록 하자.

석숭은 왜 죽고자 했을까? 앞서서 〈지네각시〉의 남자의 상황과 맞닿아 있다. 석숭은 자신이 일을 해도해도 가난을 면하지 못하자 자살을 결심하고 물에 뛰어들고자 한다. 이 때 보통의 각편에서 석숭은 경제적인 문제를 해결하지 못한다. 보통 경제적인 문제로 자살을 생각하는 경우, 현실적인 해결책이 없다고 판단하기[77] 때문이라고 한다. 직접적으로 문제를 해결할 수 없기 때문에 차라리 자신이 죽으면 문제가 해결된다고 보는 것이다. 그러나 주지하듯 자살은 문제의 해결 지점을 찾아주지 않는다. 자살을 할 만큼 힘들게 살고 있다는 것을 강조하는 각편을 포함한 〈구복여행〉의 이

---

76 진성기, <저승할망>, 『남국의 전설』, 일지사, 1985, 118~124면.

77 『자살상담매뉴얼』, 중앙자살예방센터, 2015, 54면.

야기에서는 석숭은 보통 결혼도 못한 노총각에 남의집살이를 하는 사람으로 나타난다. 가정을 꾸린 사람으로 나타났다고 해도 그 가족을 먹여 살릴 능력이 없는 인물이다. 또 다른 각편에서는 홀어머니 밑에서 아무 일도 하지 않으면서 놀고먹는 사람으로 나타난다.

남의집살이를 하는 노총각이든, 가족을 먹여 살릴 능력이 없는 가장이든, 홀어머니 밑에서 놀고먹는 아들이든 그 공통점은 모두 자신이 주체가 되어 살아가지 못하는 사람들이라는 점이다. 특히 홀어머니 밑에 있는 총각으로 나오는 경우는 더욱 타인에게 기대어 살고 있는 인물로 볼 수 있다. 석숭으로 대표되는 인물은 자신만의 세상을 구축하지 못하고 수동적으로 살다가, 자신이 가난하게 사는 것을 하늘의 탓으로 돌리는 무능력한 사람들인 것이다.[78] 결국 석숭은 남의집살이로 상징되는 남의 인생을 살았기 때문에, 복이 없었던 것일 수 있다. 그것이 원인이라면 해결방법은 간단하다. 자신이 자기 인생을 살 수 있는 방향으로 나아가는 것이 필요한 것이다.

타인의 고민을 경청하는 석숭

석숭의 긍정적인 면은 자기가 살던 세상에서 복을 찾아 밖으로 나간다는 것이다. 혹자는 아무리 좋은 삶을 살 수 있는 좋은 방안을 이야기해 준다고 하여도 상대의 말을 듣지 못한다. 자신의 테두리에 갇혀 앞으로

---

78 박상학은 '남의집살이'가 남에게 나의 삶을 의탁한 상태라는 점에서 독립된 의식을 갖추지 못한 절대적 의존의 상태를 나타낸다고 본다. (박상학, 「한국민담 '구복여행'의 분석심리학적 고찰」, 『심성연구』 제24권, 한국분석심리학회, 2009.)

한 발짝도 나아가지 못하는 것이다. 하지만 석숭은 그래도 잘 사는 방법이 있다고 하자, 그대로 시행하고자 하는 실행 능력을 가졌다. 하지만 그러한 긍정적인 추진력에 대해 지상에서 인간의 힘으로 이룩할 수 없는 일을 하늘나라로 가서 신의 힘으로 어찌 해결해 보려고 시도하는 연약한 인간의 몸부림[79]으로 보기도 한다. 신의 힘에 기댈 만큼 석숭은 자신의 삶을 지속해야 하는 힘을 갖지 못하고 있다. 하지만 그렇게 누군가를 의지해서라도 나아갈 힘을 얻으면, 이후의 일들은 더 나의 주체성이 많이 개입되는 것이라고 볼 수 있다. 일반적인 인간의 힘을 통해 문제를 해결하지 못할 경우, 인간은 초월적 존재의 힘을 빌려 문제를 해결하고자 한다. 석숭 또한 같은 맥락에서 초월적 존재를 통해 자신이 해결하지 못하는 문제를 의탁하고자 한 것이다. 석숭은 초월적 존재를 만나 복을 구하기 위하여 길을 떠난다.

석숭은 여정을 떠나는 길에 보통 세 가지 부탁을 받고 용왕을 만나러 간다. 사람들의 고민을 들어주기 전, 석숭은 묵을 곳이 없기 때문에 혹은 물을 건널 수 있는 능력이 없기 때문에 누군가에게 기대야만 했다. 그런데 단순히 의지만 하게 되면 석숭이가 이전 남의집살이를 했거나 놀고먹는 상태였을 때, 즉 여정을 떠나기 전의 상태와 별반 다르지 않는다고 할 수 있다. 하지만 공간의 이동을 하게 된 석숭은 이전 수동적인 인간관계에서 벗어나 새로운 인간관계 양상을 보이게 된다.

> <u>**"여기는 사람 잘 디가 읎읍니다."**</u> 이라구서 문을 '탁' 닫는단 말여.
>
> "그래면 뭐 워터게 할 도리두 읎구 그렇게 이 문깐에서 이슬이란대두,

79 배도식, 앞의 논문, 2003, 122면.

안 맞구 할텡게 나 이 문깐에서란데두 날을 새우구 갈랍니다."구. 문깐이 쭈구리구 앉었어. 그래 그 집이서 그 밥 해 주구 하는 이여, 그 노인이, 안노인이. 안주인이 물어.

"그 누가 배깥이에서 잔다구 하느냐?"구. 물으닝게는, 그 얘기를 한 게여.

"아 그 워떤 분이 여기서 사람 잘 디가 읎다구 그러닝게 이 문간이서앉어서 날을 새우구 간다구 하노라."구. 그러닝게는 그 안주인이 있다가,

"문깐이다 사람을 재우는 수가 워딨오? 뱅(房)이 있구 그러닝게 이리들 오라구 하쇼."

그래 문을 열면서,

"들으라구 합니다." 그렁게 들어갔어. 들어가닝게 그 객실이 있는디, 객실루 들어가라구그랴. 그래 객실에 들어가서 앉었지. 앉었으닝게 아! 저녁을 차려 왔는 디, 참! 잘 차려 왔더랴. 그래서 저녁을 먹구서 나서 인저 거기서 채비를 하구서 있는디, 자다가 한밤중찜 되니게는 지사(祭祀) 음식을 차려서갖다 주면서,

"나는 서쪽으루 기냥 행(向)해서 갓읎는 디까지 그저 가는 사람이올시다. 가서 용왕을 만나면 용왕이

"일어나 이거 잡수쇼." 그런단 말여. 보니께 지사를 잘 지냈더라느만. 그래 그 지사음식을 읃어 먹구 거기서 인저 잤어. 인저 날이 샌 뒤 조반을 또 차려 줘서 조반을 먹구서 갈라구 하니께 그안 주인댁이 떡 나서서, "그래 당신은 어디를 그렇게 향해서 가는 길이요." 이걸 얘기를 하는 거여. 그래 자기가 얘기를 했어. 살 길을 일러 준다구 해서 점괘에 그렇게 나서 그래 그 용왕한티를 찾어갑니다." 이가 있다 메라구 하는구 하니,

"그러면 내 한 가지 부탁을 할텡게 용왕한티에 가서 내 거시기를 좀 들어다가 좀 전해 주쇼."

"뭔 말씀입니까?" 그렁게,

"내가 청춘과수요. 청춘과순디, 어떠한 사람하구서루 내가 살으야만 이 재산을 잘 보전하구서 끝까지 잘 살 껜가 그것 좀 알어다 주쇼."

"내 그러구 하오리다." 거기서 잭별(作別)을 했어.[80]

위의 이야기를 통해 보면 석숭은 여행을 떠나는 길에 도움을 받게 된다. 대부분 청상과부의 집이나 처녀 혼자 있는 집에 찾아간다. 이러한 집에 남자가 찾아와 방을 얻어 쓰기는 어려운 법이지만, 과부는 흔쾌히 석숭을 도와주며 하룻밤을 지낼 수 있게 도와준다. 과부의 도움을 통해 석숭은 자신의 여정에 한 걸음 앞으로 나아가게 된다. 그 대신 석숭은 자신의 고민, 즉 '내'가 어떻게 하면 잘 살 것인지에 대한 고민에 타인의 고민을 더하게 된다. 자신의 고민에 타인의 고민을 더하는 것은 어려운 일이다. 특히 자신의 고민이 해결되지 않았을 경우에는 더욱 그러하다. 하지만 석숭은 새로운 사람들을 만나게 되면서 기존에 의존적인 방식으로만은 여정을 끝낼 수 없음을 알게 된다. 원래의 공간을 떠나는 것은 기존에 자신이 의지하던 사람이 없어지는 것과 같다. 자신을 도와주는 사람이 없다는 것은 당연히 독립적인 사고방식을 얻지 않으면 살아남을 수 없다는 것을 의미한다. 많은 옛이야기에서 독립을 지향하는 인물이 될 수 있는 것은 길을 떠나는 것으로 형상화되고 있다.[81] 이전에 소속되어 있던 집단이 제시하는 법칙 안에서 살다가 자신이 스스로 법칙을 정할 수 있도록 나아가는

---

80 김경천(남, 74), <석숭의 복>, 산내면 설화3, 『한국구비문학대계』 4-2, 736~747면.

81 설화에서 자녀가 부모의 집을 떠나는 것은 새로운 세계로의 심리적 독립을 의미한다. (김혜미, 『한부모의 이성 관계를 거부하는 아동에 대한 문학치료 설계』, 건국대학교 석사학위 청구논문, 2009, 18면)

것이다. 중요한 점은 여정을 통해 보이는 석숭의 새로운 인간관계의 모습이 상보적[82] 인간관계를 띈다는 점이다. 남의집살이를 할 때, 부모에게 얹혀 살 때, 가정을 이끌지 못하는 가장일 때, 석숭은 상대방의 힘든 점이나 어려운 점을 보완하기는 어려운 상황일 것이다. 여정을 떠나게 되면서 석숭은 스스로 생각할 수밖에 없는 상황에 이를 수밖에 없다. 옆에서 도와주던 사람들은 당연히 없었고, 혼자 길을 떠나야 하는 상황이 되었기 때문이다. 즉 공간의 이동을 통해 변화를 갖게 되는 것이다.[83]

그런데 상보적 관계라는 것에서 중요한 점은 석숭이 도움을 주어야만 한다는 점은 아니다. 도움을 받을 줄도 알고, 도움을 줄 수도 있다는 점을 알게 되는 점이 중요하다. 인간관계에서 받을 줄만 알거나, 주기만 할 때 문제 상황이 발생한다. 석숭은 새로운 여정을 통해 인간관계를 맺게 되면서 도움을 받을 줄도 알고, 받은 도움을 돌려줄 줄도 알게 되는 것이다. 도움을 주고받는 과정을 통해 석숭은 드디어 초월적 존재를 찾아갈 수 있게 되었다. 초월적 존재를 찾아가는 길에 석숭은 주로 세 번의 만남을 갖게 되며 그 모두에게 도움을 받고, 그들의 고민을 얻어 온다. 그리하여 만난 초월적 존재는 석숭의 문제에 대한 답을 직접 내려주지 않는다. 특히 석숭이 자신의 문제에 대해 물어보고자 했을 때는 내쫓기기까지 한다.

---

82 주변 인물들에 대한 관심과 인정은 오늘이의 정체성을 형성하는 중요한 자질인 동시에, 오늘이 이야기를 형성하는 중요한 지점이기도 하다. 이 이야기의 핵심은 '상보성'에 있기 때문이다. 여기서 '상보성'이란 '서로가 부족한 부분을 보충하고 도와 보완적 관계를 이루는 것'을 의미한다. 이는 곧 모든 것은 서로 관련을 맺고 있고, 존재란 이러한 상호관련성 혹은 전체의 관계망 안에서 성립한다는 인식을 전제한 것인바. 오늘이 이야기의 전반에는 이와 같은 상보성의 사유가 깃들어 있다. (고은임, 「「원천강본풀이」 연구: "오늘이" 여정의 의미와 신화적 사유」, 『冠嶽語文硏究』 제35집, 서울大學校 國語國文學科, 2010, 210면.)

83 신동흔, 『왜 주인공은 모두 길을 떠날까?』, 샘터, 2014, 47면.

서천서역국을 문전에를 썩 들어가잉께 문지기가 있다가 못 들어오구로 하거덩.

"나는 대왕께 복을 타러 왔다."

"난시난 때 못 탄 복을 무슨 복을, 복을 타. 나가라."고 하거덩.

그래 대왕이 그 안에서 들어보닌께 웬 사람이 와, 왔는데 싸와쌌거덩. 그래,

"그 사람 이리 디리 보내라."

그래 들어갔거덩. 그래,

"니가 머하러 왔어?"

"예, 저는 난시난 때 복을 못 타가지고, 복타러 왔입니다."

"그놈 시러분(실없는) 놈이다. 아이, 이 놈아 난시난 때 복 못 탄 걸 갖다가, 인지 무슨 복을 탄단 말이고? 고만 나가거라."[84]

위의 이야기 밑줄 친 부분을 통해서 확인할 수 있듯 석숭이 자신의 문제에 대한 언급을 하자 문전박대를 당한다. 용왕뿐만 아니라 문지기까지도 석숭이 자신의 문제를 토로하자 이를 받아들여주지 않는 모습을 보인다. 석숭이 용왕을 통해 자신의 문제를 직접 해결하지 못하고 타인의 고민을 해결해 주는 것을 통해 자신의 문제를 해결해 주는 것 또한 용왕이 주인공인 석숭에게 복을 내려준 것이나 마찬가지라고[85] 볼 여지도 있다. 그러나 태어날 때부터 없었던 복을 이제 와서 타려고 하느냐는 내용의 인용문을 통해 보더라도 용왕이 직접 복을 내려준다고 보는 것은 석숭의 문제 상황

84 권기동(남, 80), <서천 서역국에 복 타러 간 이야기>, 북상면 설화 22, 『한국구비문학대계』 9-2, 124~131면.

85 배도식, 앞의 논문, 116면.

에 대한 직접적인 해결을 해준 것은 아니다. 용왕은 석숭의 문제를 직접 대답해 주는 대신 석숭이 오면서 들었던 고민에 대한 해답을 내려 준다. 대부분의 해결 방법은 용은 여의주를 하나만 가져야 한다는 것이고, 나무의 열매가 안 열리는 것은 나무 밑에 금이 있어서이며, 과부는 첫 제사에 만난 남자가 배필이라는 것이다. 석숭은 자신이 도움을 받은 사람들의 고민이 해결된 것을 가지고 다시 그 사람들을 찾아가게 된다.

이제 먼저, 다가가다.

석숭은 타인의 고민을 해결해 주어 자신의 문제를 해결할 수 있게 된다. 석숭은 계속 가난하게 사는 자기 자신에 대하여 한탄하며 자살을 결심한 상태였다. 석숭은 용왕을 만나 자신의 문제를 해결하지는 못했지만 타인의 고민을 해결하게 되면서 더 이상 가난한 삶을 살지 않게 된다. 이 때 석숭이 타인의 고민을 해결해 주며 얻은 세 가지 행운인 여의주와 재물과 배필은 우리 민족이 보편적으로 추구했던 행복을 상징한다.[86] 타인의 고민을 해결해 주는 것을 통해 남들이 다 잘 산다고 보는 기준에 해당하는 것들을 얻을 수 있게 된 것이다.

석숭은 돌아가는 과정에서도 주고받는 상보적 관계를 다시 한 번 맺게 된다. 그런데 여정을 떠날 때에는 먼저 도움을 받은 후 주었다면, 이번에는 도움을 준 후 받게 되는 점이 달라지는 지점이다. 여정을 떠날 때와

86 서대석 외, 앞의 책, 101면.

돌아갈 때 모두 상보적 관계인 것은 같다. 하지만 여정을 떠날 때 상대방에게 기댄 후, 도움도 줄 수 있음을 알았다면, 다시 돌아갈 때에는 도움을 먼저 준 후 그들에게 도움을 받는다.

석숭은 여정을 떠나기 전, 의존적인 인물이었다. 그런데 여정을 통해 새로운 인간관계를 맺게 되면서 도움을 받으면 도움을 주어야 한다는 것을 알게 되었다. 되돌아가는 길에 석숭은 자신이 먼저 도움을 주었고, 이를 통해 도움을 받게 되면서 자신의 고민까지 해결할 수 있는 지점에 이르게 된 것이다. 석숭의 도움을 주는 행동을 이타적인 사고로의 전환을 통한 깨달음을 얻었다고 볼 수 있다.[87] 그런데 이타적인 사고를 하기 위해서 중요한 점은 타인에게 잘 기댈 수도 있어야 하고, 타인이 기댈 수 있도록 할 수 있게 한다는 점이다. 석숭은 여정을 통해 새로운 인간관계를 의존적인 인간관계를 맺는 것에서 벗어나 상보적 인간관계를 맺는 방식을 배웠다고 할 수 있다. 그런데 상보적 인간관계에서 중요한 점은 이타적인 행동은 타인이 나에게 기댈 때 도와주는 것 뿐만 아니라 자신이 타인에게 잘 기댈 수 있는 방법을 깨닫는 것까지 포함된다는 점이다. 또한 상보적 인간관계의 양상도 타인에게 먼저 도움을 받은 후 주는 것이었다면, 돌아올 때는 먼저 타인에게 도움을 준 후 도움을 받는 것으로 나타난다는 점이다. 타인에게 기댈 줄 알고, 타인에게 줄 수 있는 인간관계를 맺게 된 것이 석숭이 여정에서 얻은 가장 큰 보물이라고 볼 수 있다. 결과적으로 상보적 인간관계를 통해 석숭은 자신이 원하는 것을 얻을 수 있었다. 그런데 석숭

---

87 구복 노정은 자신의 행복만을 생각하는 이기적 사고에서 타인의 행복을 함께 추구하는 이타적 사고로의 전환을 가져오는 깨달음의 편력이라고 할 수 있다. (서대석 외, 위의 책, 101면.)

이 자살하고자 했던 문제가 인간관계를 통해서만 해결되었다고 하면 이후, 인간관계에서 문제가 나타나게 되면 석숭은 또다시 자신의 삶에 회의감을 얻게 될 것이다.

가난한 석숭은 보통 남의집살이를 하며 이렇게 살아 무엇 하느냐는 고민을 한다. 석숭의 비관적인 상황은 앞서 언급하였듯 새로운 인간관계를 통하여 극복하게 된다. 도움을 받는 것을 넘어서 도움을 줄 수 있고, 여정에서 돌아올 때에는 먼저 도움을 주기도 하는 상보적 인간관계의 모습을 보이는 것이다. 즉 석숭은 인간관계의 변모를 통하여 잘 살게 된다.

그런데 중요한 것은 석숭의 '상보적 인간관계'가 곧 '잘 살게 된다는 것'으로 어떻게 연결될 수 있을지에 대한 것이다. 새로운 인간관계를 통해 부를 축적하고 결혼을 할 수 있었다고 하면 이후 인간관계가 틀어졌을 때, 석숭은 다시 죽을 수도 있고, 잘 살지 못하고 있다고 생각하게 될까? 이야기의 전반을 통해 보았을 때, 그러한 기미는 보이지 않는다. 석숭은 지속적으로 '잘' 살고 있을 것으로 보인다. 그렇다면 석숭이 지속적으로 잘 살 수 있게 되는 이유는 무엇인지 더욱 상세히 확인할 필요가 있다.

그런데 이야기를 면밀히 살펴보니, 석숭이 부족한 것은 물질적인 것뿐만 아니라 '조실부모'했다는 점이다. 많은 각편에서 부모가 생존해 있는 경우보다 부모가 없거나 아버지가 없는 것으로 나타나고 있다. 부모가 모두 생존해 있는 경우라도 매우 가난하거나 너무 늙어서 경제적 능력이 없는 것으로 나타나고 있다. 부모가 없고 가난한 석숭은 당연히 결혼을 해서 가정을 꾸리기도 어려운 상황이다. 이에 노총각인 석숭은 가족이 없이 타인에게 얹혀살고 있는 상황이라고 볼 수 있다. 석숭이 복이 없다고 하는 것은 일차적으로 물질적인 문제이겠지만, 더 크게 복이 없다는 이유를 살펴보면 부모가 없다는 점이다. 특히 한부모 가정일 경우에는 거의 아버지가 없는 것으로 나타나고, 어떤 각편에서는 어머니가 있더라도 재혼을 한 것으로 나오는 경우도 있다.

옛날에 한 사람이 참 그 복이 없일라 크이까네, 마 부모를 길리듯이 길리고(기리고, 잃고), 안부모는 참 오 세(五歲) 되도록 이래 안 부모가 길리다가 사지 못 해가주고, 데루고 어데 참 팔자로 곤체(고쳐) 개가(改嫁)로 갔던 모냥이라.[88]

이전에 어느 못 사는 가정에서 부모는 다 돌아가고 마 할 수 없어서 어렵기 해 가주고 어린 사람이 남의 집에 머슴을 살았다 말이지. 머슴을 살러 나갔는데 아 일 년을 지내 삼 년을 지내 사오 년을 지내도 만날 꼴땀살이 중에서도 제일 끝 머슴 빼끼(밖에) 못해. 이 사랑에 가도 꼴담살이, 저 사랑에 가도 꼴담살이, 아 머슴들 죽 모인 가운데 가에 떡 들어가 앉아미 꼴담살이 너는 저 비리한데 다른데 가라 다른 두로 가 참 죽어야 되요. 그만 그렇기 못 지냈는데 '아 이놈의 거 내 팔자가 무슨 팔자로 만날 이 꼴닥살이를 몬 민하는 싶어.[89]

부모가 고만 아들을 첫아들을 낫어. 났는데 부모 복을 못 탔어. 못타가지구 아, 이놈이 대문 댕기며 남에 집 밥만 얻어먹고 댕기다 그 한 이 십살 됐소.(중략)

88 박병도(남, 75), <복타러 가는 이야기>, 안강읍 설화 55, 『한국구비문학대계』 7-3, 374~394면.

89 이차문(남, 71), <여의주 얻어서 잘 산 이야기>, 가조면 설화 16, 『한국구비문학대계』 8-5, 1046~1052면.

"우리 조실부모 일찍하고 어무이(어머니) 아부지도 못 보고 한 너댓살 먹어 죽어 어떤 못된일 해가지고 우쩐 일로 부모 얼굴도 좀 보고 이래 좋은 때도 못 보고 안아보고 업혀보덜 못허고 죽었나."[90]

인용문에서 확인할 수 있듯 석숭이 복이 없는 것은 부모에 관한 복도 없다는 말과도 상통한다. 날 때부터 복이 없었다는 말은 부모에 관한 것도 포함되어 있는 것이라고 할 수 있다. 부모 중에서 특히 아버지가 없는 경우, '존재의 뿌리가 없는 미천한 놈'이라는 의미를 가지고 있다고[91] 할 수 있다. 존재의 뿌리가 없다는 것은 자신의 존재의 의미를 찾기 어렵다는 것을 말한다. 이러한 상황에서는 자신이 개인적으로 가지고 있는 능력이 있고 없음을 떠나 자존감을 잃어 자신의 존재의 의미를 파악하기 어렵다.[92] 게다가 〈구복여행〉에서는 석숭이 가지고 있는 능력도 미비하게 나타나 자존감을 찾기가 더욱 어려울 수밖에 없다.

옛이야기를 살펴보면 부모, 특히 아버지가 없는 경우 설화의 주인공은 부모를 찾으러 떠나게 된다. 예를 들어 옛이야기 〈하룻밤 인연의 아버지 찾은 아들〉[93]이나 〈주몽신화〉, 〈원천강본풀이〉 등을 통해 보더라도 부모

90 전경남(남, 73), <복 타러가서 복 타가지고 온 머슴>, 황금면 설화 16, 『한국구비문학대계』 3-4, 841~850면.

91 이수자, 「구비문학에 나타난 부친탐색 원형」, 『구비문학연구』 제28집, 한국구비문학회, 2009, 217면.

92 김혜미, 「설화 <하룻밤 인연의 아버지 찾은 아들>과 애니메이션 <니코>에 나타난 아버지 부재와 자녀의 정체성 탐색 양상」, 『문학치료연구』 제27집, 한국문학치료학회, 2013, 393면.

93 <하룻밤 인연의 아버지 찾은 아들>의 줄거리는 다음과 같다. 박어사가 순행을 다니다가 어느 집에 들어갔더니 아무도 없고 처녀만 있었다. 처녀는 박어사에게 집에 사람이 없으니까 사랑에 들어와서 자신을 지켜달라고 했다. 박어사는 그날 밤에 처녀와 같이 잠을 자게 되었다. 그런데 박어사가 아침에 처녀를 보니 문둥이였다. 박어사

를 찾기 위하여 길을 나서는 자녀의 모습을 확인할 수 있다. 이야기의 결론에서 자녀가 어렵게 찾은 부모와 함께 살거나 살지 못하는 것이 중요한 것이 아니라 부모를 찾는 것 자체가 중요하다는 말이다. 그런데 같이 살지도 않을 부모를 왜 찾아야만 할 것인지에 대한 의문이 남는다. 이는 앞서 부모가 없다고 했을 때, 뿌리가 없는 상태와 연결 지어 볼 수 있다. 근본, 뿌리가 없다고 하는 것은 자신이 살아갈 수 있는 삶의 기준을 찾기 어렵다는 말이 된다. 보통 자녀가 태어나면 부모는 자녀에게 법칙을 제시하여 잘 살 수 있는 기준을 마련해 준다.[94] 이를 반대로 보면 부모의 부재는 자녀 스스로가 잘 살아갈 수 있는 기준을 충분히 제공받지 못한 것으로 생각할 수 있다. 〈구복여행〉의 석숭 또한 부모가 없는 상태로 자신이 잘 살아갈 수 있는 방법을 터득하지 못했기 때문에 남의집살이를 하며 비주체적인 모습으로 살아갔던 것이다. 그런데 이 때 중요한 것은 비관하여

는 아침에 처녀의 얼굴을 보고는 그만 달아나고 말았다. 그런데 처녀는 그날 하룻밤의 일로 하여 아들을 낳게 되었다. 처녀의 아들이 아주 똑똑했는데, 서당에 가서 글공부를 하면 친구들이 아버지 없는 자식이라고 자꾸 때렸다. 아들이 어머니에게 아버지가 누구냐고 묻자, 어머니는 그날 밤의 일을 이야기했다. 어머니는 그날 남자의 저고리 고름을 잘라서 간직했던 것을 아들에게 주며 아버지를 찾아가라고 하였다. 아들은 논 한 마지기를 팔아 서울로 올라가다가 논 판 돈 석 냥을 놓고 점을 보았다. 점쟁이는 서울에 가다가 어느 골목에서 장님 점쟁이 셋이 내려올 때 셋 중 가운데에 있는 장님을 담 옆에 처박으면 그 장님이 무슨 말을 할 것이라고 했다. 아들이 길을 가다가 장님들이 나타나자 말 들은 대로 하였다. 그러자 점쟁이가 어떤 놈이 자신을 밀었는지 알아본다면서 점을 쳤다. 점쟁이는 박문수 대감의 자식이 자기를 밀었다면서 박문수 대감을 찾아갔다. 아들은 그 점쟁이를 따라갔다. 점쟁이가 박문수 대감에게 대감님 자제가 고랑에 자신을 처박아서 옷을 버리게 했다고 따졌다. 박문수 대감이 자신은 아들이 없다고 말하자 점쟁이는 분명히 대감님 아들이라고 했다. 그 때에 아들이 얼른 나서서 저고리 고름을 보여주면서 어머니가 해준 이야기를 전했다. 그러자 박문수 어사가 예전에 그런 일이 있었다고 하였다. 그래서 아들은 아버지를 찾게 되었다. (정운채 외, 『문학치료서사사전(설화편)』 3, 문학과치료, 2009, 3360~3361면.)

94 정운채, 「문학치료학의 서사이론」, 『문학치료연구』 제9집, 한국문학치료학회, 2008, 264면.

자살을 하고자 하든지 그렇지 않든지 간에 알지 못하는 절대자의 목소리를 통해 서천서역국으로 가게 된다는 점이다.

〈구복여행〉에서 석숭이는 조실부모한 상태에서 자신의 뿌리를 찾을 수 없었다. 부모의 복이 없는 사람이 다른 복도 찾을 수 없듯이 석숭은 물질적인 복 뿐만 아니라 배우자를 만날 복까지도 찾을 수 없었다. 이와 같이 복이 없는 상태의 석숭은 〈원천강본풀이〉에서 오늘이가 만난 매일이와 장상이 같은 모습을 하고 있다. 남의집살이를 하던 석숭은 언제나 책만 들여다보고 자신이 속한 곳에서 나아가지 못하는 매일이와 장상이와 같다. 영원히 책만 읽는 장상이는 과거나 미래로 가지 못할 것이고, 매일 책만 읽는 매일이도 앞으로 나아갈 수 없다.

그런데 석숭은 서천서역국을 다녀오면서 우연의 일치처럼 물질적인 복도 얻고 가정도 얻는다. 물질적인 복과 가정을 얻는 것에는 '상보적 인간관계'가 주요하게 작용하였다. 상보적 인간관계를 터득할 수 있었던 것은 석숭이 여정을 통해 오늘이와 같이 부모의 세계에 다녀와 부모의 법칙을 터득하였기 때문이다. 〈원천강본풀이〉에서는 원천강을 우주의 질서가 잡힌 세계로[95] 보기도 한다. 우주의 질서라고 하는 것을 다시 생각해 보면 이미 세상에 정해진 규칙이나 규범을 의미하는 것이며, 이 공간으로의 진입을 통해 세상의 잘 살 수 있는 부모의 법칙을 깨닫게 되는 것으로 볼 수 있다. 부모가 제시해 준 '상보적 인간관계'라는 부모의 법칙을 깨달아 석숭은 그제야 자신의 복을 찾을 수 있게 되었다. 석숭은 어린 시절 부모의 부재로 인하여 부모의 법칙을 깨닫지 못하고 있었다가 서천서역국으로

---

95 권복순, 「서사무가 「원천강본풀이」의 인물 기능과 우주 인식」, 『국제언어문학』 제35호, 국제언어문학회, 2016, 90면.

의 여정을 통하여 부모의 세계를 이해하게 된 것이다. 석숭이 여정에서 행동한 상보적 인간관계는 부모의 세계로의 진입을 통해 세상을 잘 살아갈 수 있게 하는 부모의 법칙을 습득하게 된 것이었다. 단순히 새로운 인간관계를 영위하는 것이 아니라 부모의 세계를 경험하기 위한 과정이었던 것이다.

석숭이 찾은 진짜 복은 부모의 세계, 부모의 법칙의 깨달음이다. 부모의 법칙은 부모의 세계인 서천서역국을 찾아가는 여정을 통해 자연스럽게 습득된 것이라고 할 수 있다. 여정을 떠나기 이전, 석숭은 부모의 법칙을 깨닫지 못하고, 의존적인 방식으로만 살아왔다. 하지만 부모의 세계로 가는 여정에서 만난 새로운 인간관계를 통해 습득한 상보적 인간관계는 앞으로 잘 살 수 있는 부모의 법칙을 스스로 깨닫게 함으로써, 자살을 하고자 하는 문제를 극복하고 지속적으로 석숭이 잘 살 수 있게 된 것이다. 진정 잘 살 수 있는 방법을 알게 되면 추후 큰 문제를 만나더라도 죽음으로 가고자 하지 않고 삶의 길로 나아갈 수 있을 것이다.

이야기,
삶을 통하다

2부

이야기, 삶을 통하다.

1. 이야기 속으로 들어가는 길
2. 콩쥐의 삶에 다가가다.
3. 인적 네트워크를 찾는 삶에 다가가다.
4. 새로운 나를 탐색하는 길로 나아가다.
5. 서로를 구하는 삶에 다가가다.
6. 금덩이를 찾으러 나아가다.
7. 함께 구하는 복으로 나아가다.

01 이야기 속으로 들어가는 길

우리의 옛이야기는 다양한 스펙트럼을 가지고, 그리고 상징을 가지고 사람들에게 다가간다. 이야기들이 가지고 있는 그 의미들을 내면화하는 일은 지치고 힘든 자기 삶에 방향성을 제공할 수 있다. 하지만 그 이야기를 단순하게 읽는 것 만으로는 이야기를 내면화하지 못한다. 그렇다면 이야기의 내면화 방안을 탐색하는 일이 중요할 것이다. 여기에서는 이야기 속으로 들어가는 길에 대한 안내를 하고자 한다. 필자가 앞서 제안한 작품들을 통해 더욱 풍요로운 나를 만드는 방법을 제안하고자 하는 것이다. 모든 이야기들을 다음의 단계에 따라 함께 활동하는 지침서라고 생각하고, 내가 함께 활동하고자 하는 대상자들과 나눌 수 있기를 바란다.

① 구연을 통해 함께 이야기를 나누고 이어쓰기를 할 수 있도록 안내해요.

첫 번째 단계는 구연을 통하여 우리 옛이야기를 만나는 과정이다. 그런데 1차로 이해하는 과정이기 때문에 이야기를 중간까지만 구연한다. 이때 서사의 주체, 쉽게 말하면 주인공에게 가장 핵심이 되는 문제상황까지만 구연한다. 그에 따라 이 이야기를 함께하고자 하는 교육대상자가 이 문제 상황을 어떻게 해결하고자 하는지 뒷이야기 이어쓰기를 하도록 한다.

예를 들어 〈구복여행〉에서 석숭의 문제 상황은 '남의집살이'를 하는 의존적 삶의 태도이다 석숭으로 대표되는 인물은 자신만의 세상을 구축하지 못하고 수동적으로 살다가, 자신이 가난하게 사는 것을 하늘의 탓으로 돌리는, 경제적인 무능력을 보여주는 사람이다.[96] 남의집살이를 하며 의존적인 석숭은 가난이라는 한계상황에 대한 해결책을 구하기 위해 용왕에게 찾아가고자 한다. 이때 교육대상자에게 의존적인 석숭이 길을 떠나며 사람들을 만나고, 용왕에게 질문하기 직전의 여정까지만 제시하여 보여준다. 석숭은 과부, 꽃의 주인, 이무기 세 인물의 부탁을 들은 상태이다. 작품에서 석숭의 문제 상황과 다른 세 인물의 고민을 어떤 방식으로 해결하고자 하는지 이어쓰기를 통해 확인하고자 하는 것이다. 이어쓰기는 문제의 해결 방향을 열어둠으로써 해당 문제에 대한 내담자 고유의 이야기를 드러낼 수 있는 방법이다. 이어쓰기의 줄거리에는 설화 속의 상징적 인물이나 상황에 대해 내담자가 어떤 태도를 보이고 무슨 감정을 느끼며 그 강도는 어느 정도인지가 드러나게 된다.[97] 필자는 이러한 이어쓰기의 특징을 통해 교육 대상자가 문제 상황에서 어떠한 방식으로 관계 맺는 것을 선호하는지 확인하고자 하고, 스스로 생각해 볼 수 있도록 하는 첫 번째 활동 방안을 마련하였다.

---

96 박상학은 '남의집살이'가 남에게 나의 삶을 의탁한 상태라는 점에서 독립된 의식을 갖추지 못한 절대적 의존의 상태를 나타낸다고 본다. (박상학, 「한국민담 '구복여행'의 분석심리학적 고찰」, 『심성연구』 24, 한국분석심리학회, 2009.)

97 조은상, 「설화를 활용한 자기성찰의 글쓰기 방법 실행 연구」, 『고전문학과교육』 29, 한국고전문학교육학회, 2015, 98면.

② 나머지 부분을 구연해 주고, 함께 토의하는 시간을 가져요.

2단계에서는 보여주지 않았던 후반부를 함께 감상하고, 토의를 통해 작품을 이해하는 과정으로 구성되었다. 2단계에서는 자신이 이어쓰기를 한 것과 원래 작품을 비교하는 작업, 그리고 토의를 통해 자신이 작품을 이해한 방식과 타인이 작품을 이해한 방식을 비교하는 작업이 진행된다. 원작과의 비교, 타인과의 비교 두 가지 방식을 통해 자신의 작품 이해 방식을 되돌아보는 작업을 하게 되는 것이다.

첫 번째, 먼저 자신이 이어쓰기를 한 것과 원래의 작품을 비교하는 작업을 진행한다. 자신이 창작한 것과 원래의 작품을 비교 검토하는 과정을 통해 자기 자신이 작품을 이해하는 방식을 객관적으로 확인할 수 있도록 돕는다. 하지만 이 때, 원래의 작품과 비교하는 일은 정답을 찾아보는 과정이 아님을 반드시 명시해야 한다. 원래의 작품을 통해 '나'를 돌아보는 과정일 뿐이다. 이는 설화의 구연자와 자기 자신 간의 생각 차이를 1차적으로 확인할 수 있는 작업이다.

두 번째, 토의를 하는 과정이다. 이야기에 대한 서로의 의견을 교환하며 자기서사에 영향을 줄 만한 다양한 의견들을 듣는 단계이다. 토의는 타인과 의견을 교류하는 과정을 통해 비논리적으로 이해했던 부분을 바로잡아 명확하게 이해할 수 있도록 도와주고, 나만의 생각이 옳다고 하는 것이 아니라 상대방의 의견이나 생각도 수렴하는 과정이다.[98] 이 때 오독이 반

98 김혜미, 「구비설화 <내 복에 산다>의 전승 가치와 그 현대적 활용 방안－청소년의 동화창작프로그램 사례를 통하여」, 『고전문학과 교육』 29, 한국고전문학교육학회, 2015, 355~358면; 김혜미, 『폭력서사의 진단 및 개선을 위한 문학치료 프로그램 연구』, 건국대학교 박사학위논문, 2017, 139~144면; 김혜미, 「호랑이 설화의 문학치료학적 해석을 통한 제3자(방관자)의 학교폭력예방교육 사례 연구－청소년의 생명존엄 의식 함양을 위한 학교폭력예방교육을 위하여－」, 『인문과학연구』 55, 강원

복해서 나타나거나 이야기의 일정한 부분에만 집중하여 이해하는 경우가 나타날 수 있다. 작품에 대한 이와 같은 반복적인 반응은 자기서사의 영향으로 나타나는 것으로, 대상자의 자기서사 경향성을 파악할 수 있게 한다.[99] 그런데 이때 중요한 것은 교육자가 작품에 대한 열린 질문을 해 줘야 한다는 것이다. 작품에 대해 잘 이해할 수 있는 지점들을 질문해 주고, 그에 따라 서로간에 토의 할 수 있도록 도움을 주어야 한다. 그에 따라 필자는 어떤 질문을 나누면 좋을 것인지 제시해 두었다. 그에 더하여 더 중요한 질문들을 구성하여 함께 나누는 것을 권장한다.

③ 전체를 나만의 이야기로 다시 창작해 봐요.

마지막 단계는 설화를 바탕으로 작품을 재창작하는 것이다. 창작에서 중요한 점은 '이야기가 시작부터 끝까지 있어야 한다'는 점이다. 이때 연구자가 제시한 설화의 내용과 동일한 내용으로 창작이 진행된다고 하더라도, 일단 동일한 내용을 반복하게 하여 스스로 끝까지 서사를 구성해 보게 하는 과정이 중요하다. 또한 창작 이야기의 배경은 과거이든 현대이든 형식상의 구애를 받지 않고 진행되며, 자신이 원하는 대로 이야기를 그 어떤 내용으로든지 바꿀 수 있다.[100]

대학교 인문과학연구소, 2017, 257~291면; 김혜미, 「구비설화를 활용한 자살예방 문학치료 프로그램 사례 연구－자살 위험군 사례자 A를 대상으로－」, 『문학치료연구』 50, 한국문학치료학회, 2019, 7~56면; 김혜미, 「구비설화를 활용한 청소년 대상 세대 공감 문학치료 사례 연구－청소년의 '청년성 회복'을 중심으로－」, 『구비문학연구』 55, 한국구비문학회, 2019, 119~162면; 김혜미, 「구비설화 <내 복에 산다> 각편을 활용한 청소년의 자기서사 진단 사례 연구－설화에 대한 반응과 동화창작을 중심으로－」, 『문학치료연구』 57, 한국문학치료학회, 2020, 153~200면.

99 박재인, 「탈북과 적응이 남긴 문제에 대한 문학치료학적 접근」, 『고전문학과교육』 30, 한국고전문학교육학회, 2015.

설화를 재창작하는 것은 자기 노출과 탐색의 효과를 주기도 하고,[101] 설화의 의미가 내면화된 정도를 확인할 수 있게도 한다.[102] 이 단계에서는 작품을 잘 이해하고 구현해 내는 방편으로 원작품에 대한 이해를 바탕으로 한 창작을 진행한다.[103] 그런데 창작 방향에 대하여 교육을 진행하는 사람이 언급하게 되면 교육대상자는 교육자가 제시한 내용을 따라갈 수밖에 없으므로 구체적인 내용의 작품 창작 방향성을 제시해 주지는 않는다.[104]

---

100 김혜미, 「구비설화 <내 복에 산다>의 전승 가치와 그 현대적 활용 방안－청소년의 동화창작프로그램 사례를 통하여」, 『고전문학과 교육』 29, 한국고전문학교육학회, 2015, 355~358면; 김혜미, 『폭력서사의 진단 및 개선을 위한 문학치료 프로그램 연구』, 건국대학교 박사학위논문, 2017, 139~144면; 김혜미, 「호랑이 설화의 문학치료학적 해석을 통한 제3자(방관자)의 학교폭력예방교육 사례 연구－청소년의 생명존엄 의식 함양을 위한 학교폭력예방교육을 위하여－」, 『인문과학연구』 55, 강원대학교 인문과학연구소, 2017, 257~291면; 김혜미, 「구비설화를 활용한 자살예방 문학치료 프로그램 사례 연구－자살 위험군 사례자 A를 대상으로－」, 『문학치료연구』 50, 한국문학치료학회, 2019, 7~56면; 김혜미, 「구비설화를 활용한 청소년 대상 세대 공감 문학치료 사례 연구－청소년의 '청년성 회복'을 중심으로－」, 『구비문학연구』 55, 한국구비문학회, 2019, 119~162면; 김혜미, 「구비설화 <내 복에 산다> 각편을 활용한 청소년의 자기서사 진단 사례 연구－설화에 대한 반응과 동화창작을 중심으로－」, 『문학치료연구』 57, 한국문학치료학회, 2020, 153~200면.

101 조은상, 「설화를 활용한 이야기 창작 문학치료의 과정과 효과」, 『겨레어문학』 54, 겨레어문학회, 2015, 292면.

102 박재인, 「이주와 성공의 고전서사를 활용한 탈북민 대상 문학치료 사례 연구」, 『문학치료연구』 41, 한국문학치료학회, 2016, 347면.

103 김혜미, 「호랑이 설화의 문학치료학적 해석을 통한 제3자(방관자)의 학교폭력예방교육 사례 연구」, 『인문과학연구』 55, 강원대학교 인문과학연구소, 2017, 281면.

104 김혜미, 『폭력서사의 진단 및 개선을 위한 문학치료 프로그램 연구－학교폭력을 중심으로－』, 건국대학교 박사학위 청구논문, 2017, 143면.

이야기,
삶을 통하다

02 콩쥐의 삶에 다가가다.

※ 〈콩쥐와 팥쥐〉의 앞부분입니다. 뒤에 이어질 내용을 상상하여 창작해 보세요.

콩쥐는 태어난지 얼마 안 되어 어머니를 일찍 여의게 되었습니다. 아버지는 어머니가 돌아가신지 얼마 지나지 않아 후처를 들였어요. 그녀에게는 팥쥐라는 딸이 있었어요. 콩쥐에게는 계모와 팥쥐라는 동생이 생겼답니다. 계모는 콩쥐를 매우 미워했어요. 계모는 콩쥐를 괴롭히기 위해 콩쥐에게는 나무 호미를 주여 돌밭을 매라고 하고 팥쥐에게는 쇠 호미를 주어 모래밭을 매게 하였어요. 팥쥐는 쇠 호미로 금새 밭을 다 매고 집으로 돌아갔어요. 콩쥐는 나무 호미로 밭을 매다가 부러져 엉엉 울고 있었답니다. 그때, 꼬부랑 소가 나타나 콩쥐 대신 밭을 매주었어요. 콩쥐는 집으로 돌아갈 수 있게 되었답니다.

하루는 마을에 큰 잔치가 열렸어요. 팥쥐와 계모가 잔치에 갈 준비를 하자, 콩쥐는 자신도 가고 싶다고 했어요. 그런데 웬일로 콩쥐가 잔치에 오는 것을 계모가 바로 허락하는 것이었어요. 콩쥐가 기뻐하자 계모는 콩쥐에게 밑 빠진 독에 물 붓기, 곡식 한 섬을 찧어 놓기 등의 일을 해 놓고 다 마치면 잔치 구경을 오라고 하며, 먼저 잔치로 떠났어요.

계모가 말한 일들을 모두 하고 잔치에 갈 생각을 하자 콩쥐는 눈물이 났어요. 그때 큰 두꺼비가 나타났어요.

"콩쥐야, 왜 울고 있니?"

"제가 잔치에 가야 하는데, 밑 빠진 독에 물을 부을 수 없어서 울고 있었어요."

"내가 도와주마."

두꺼비는 독으로 쏙 들어가 구멍난 부분에 앉았어요. 콩쥐가 물을 붓자 독이 가득 채워졌어요. 하지만 곡식 한 섬을 다 빻아 놓으면 잔치가 끝날 것 같아 다시 울고 있었어요. 그때 새들이 날아왔어요. 새들은 콩쥐에게 왜 울고 있냐고 물었어요.

"제가 잔치에 가야 하는데 곡식 한 섬을 다 빻지 못하여 울고 있었어요."

그러자 새들은 모두 곡식을 찧어 주었답니다. 콩쥐가 잔치에 가려고 하는데, 자신의 모습을 보니 옷이 너무 더럽고 허름한 것이었어요. 콩쥐는 다시 울기 시작했습니다. 그러자 황소가 나타났어요.

"콩쥐야, 왜 울고 있니?"

"제가 잔치에 가야 하는데 옷이 없어서 울고 있었어요."

"그렇다면 이것을 입고 가렴."

황소는 콩쥐에게 예쁜 옷과 꽃신을 주었어요. 그제야 콩쥐는 잔치에 갈 수 있게 되었어요. 그런데 콩쥐는 잔치에 가는 길에 꽃신 한 짝을 잃어버렸어요. 잔치에는 선비도 가는 길이었는데, 선비가 떨어진 꽃신 한 짝을 발견하고 잔치로 향하였어요. 선비는 잔치에서 꽃신 한 짝을 내

보이며 이 신발의 주인과 혼인하겠다고 하였어요. 콩쥐는 자신이 꽃신의 주인이라고 하였고, 둘은 결혼하게 되어 행복한 삶을 시작하였어요.

하루는 선비가 외출하면서 콩쥐에게 오늘은 바깥에 나가지 말고 목욕도 하지 말라고 했어요. 그런데 갑자기 팥쥐가 콩쥐 집에 와서 선비가 언니와 함께 나가 목욕을 하라고 했다며 콩쥐를 설득했어요.

※ 〈콩쥐와 팥쥐〉의 전문입니다. 나의 작품과 비교해 보세요.

콩쥐는 태어난지 얼마 안 되어 어머니를 일찍 여의게 되었습니다. 아버지는 어머니가 돌아가신지 얼마 지나지 않아 후처를 들였어요. 그녀에게는 팥쥐라는 딸이 있었어요. 콩쥐에게는 계모와 팥쥐라는 동생이 생겼답니다. 계모는 콩쥐를 매우 미워했어요. 계모는 콩쥐를 괴롭히기 위해 콩쥐에게는 나무 호미를 주며 돌밭을 매라고 하고 팥쥐에게는 쇠 호미를 주어 모래밭을 매게 하였어요. 팥쥐는 쇠 호미로 금새 밭을 다 매고 집으로 돌아갔어요. 콩쥐는 나무 호미로 밭을 매다가 부러져 엉엉 울고 있었답니다. 그때, 꼬부랑 소가 나타나 콩쥐 대신 밭을 매주었어요. 콩쥐는 집으로 돌아갈 수 있게 되었답니다.

하루는 마을에 큰 잔치가 열렸어요. 팥쥐와 계모가 잔치에 갈 준비를 하자, 콩쥐는 자신도 가고 싶다고 했어요. 그런데 웬일로 콩쥐가 잔치에 오는 것을 계모가 바로 허락하는 것이었어요. 콩쥐가 기뻐하자 계모는 콩쥐에게 밑 빠진 독에 물 붓기, 곡식 한 섬을 찧어 놓기 등의 일을 해 놓고 다 마치면 잔치 구경을 오라고 하여, 먼저 잔치로 떠났어요.

계모가 말한 일들을 모두 하고 잔치에 갈 생각을 하자 콩쥐는 눈물이 났어요. 그때 큰 두꺼비가 나타났어요.

"콩쥐야, 왜 울고 있니?"

"제가 잔치에 가야 하는데, 밑 빠진 독에 물을 부을 수 없어서 울고 있었어요."

"내가 도와주마."

두꺼비는 독으로 쏙 들어가 구멍난 부분에 앉았어요. 콩쥐가 물을 붓자 독이 가득 채워졌어요. 하지만 곡식 한 섬을 다 빻아 놓으면 잔치가 끝날 것 같아 다시 울고 있었어요. 그때 새들이 날아왔어요. 새들은 콩쥐에게 왜 울고 있냐고 물었어요.

"제가 잔치에 가야 하는데 곡식 한 섬을 다 빻지 못하여 울고 있었어요."

그러자 새들은 오두 곡식을 찧어 주었답니다. 콩쥐가 잔치에 가려고 하는데, 자신의 모습을 보니 옷이 너우 더럽고 허름한 것이었어요. 콩쥐는 다시 울기 시작했습니다. 그러자 황소가 나타났어요.

"콩쥐야, 왜 울고 있니?"

"제가 잔치에 가야 하는데 옷이 없어서 울고 있었어요."

"그렇다면 이것을 입고 가렴."

황소는 콩쥐에게 예쁜 옷과 꽃신을 주었어요. 그제야 콩쥐는 잔치에 갈 수 있게 되었어요. 그런데 콩쥐는 잔치에 가는 길에 꽃신 한 짝을 잃어버렸어요. 잔치에는 선비도 가는 길이었는데, 선비가 떨어진 꽃신 한 짝을 발견하고 잔치로 향하였어요. 선비는 잔치에서 꽃신 한 짝을 내보이며 이 신발의 주인과 혼인하겠다고 하였어요. 콩쥐는 자신이 꽃신의 주인이라고 하였고, 둘은 결혼하게 되어 행복한 삶을 시작하였어요.

하루는 선비가 외출하면서 콩쥐에게 오늘은 바깥에 나가지 말고 목욕도 하지 말라고 했어요. 그런데 갑자기 팥쥐가 콩쥐 집에 와서 선비가 언니와 함께 나가 목욕을 하라고 했다며 콩쥐를 설득했어요. 콩쥐가 팥쥐와 함께 물가로 갔는데 아무래도 선비의 말이 마음에 걸려 목욕하지 않으려고 했어요. 그때 팥쥐가 콩쥐를 밀어 물에 빠뜨려 죽여 버렸어요.

팥쥐는 콩쥐의 자리를 빼앗고 콩쥐인 척하여 선비와 부부로 지냈어요. 죽은 콩쥐는 꽃으로 환생하여 선비네 집 앞마당에 피었어요. 선비가 그 꽃을 좋아하니 팥쥐는 꽃을 뜯어다가 아궁이 속으로 던져 버렸어요. 콩쥐는 아궁이에서 빨간 구슬이 되었어요. 콩쥐는 불씨를 얻으러 온 이웃에게 발견되었는데, 그 구슬에서 콩쥐가 나와 이웃에게 그동안의 일을 이야기하여 도와달라고 하였어요. 콩쥐의 부탁으로 이웃 사람은 선비를 이웃집으로 불러내었어요. 이웃집 사람은 콩쥐가 시키는 대로 선비를 대접하는 밥상에 짝짝이 젓가락을 두었어요. 그러자 선비는 이웃집 사람에게 젓가락이 짝짝이라고 말하는 것이었어요. 그러자 콩쥐가 나타났어요.

"젓가락이 짝짝이인 줄을 알아 보면서 자기 아내는 못 알아봅니까?"

그제야 선비는 지금의 아내가 콩쥐가 아닌 팥쥐임을 알게 되었어요. 선비는 팥쥐를 처형하였고 팥쥐를 젓갈로 만들어 팥쥐의 어머니에게 먹이는 벌을 주었답니다.

원작과 이어쓰기의 서사적 특성 비교	
인물의 차이	
사건의 차이	
해결 과정의 차이	

Ⓐ 이야기에서 계모가 일을 시킬 때마다 소, 구렁이, 새, 황소 등이 콩쥐를 도와줍니다. 도와주는 등장인물은 누구를 의미하는 걸까요?

Ⓑ 우리 옛이야기에서 계모가 많이 등장합니다. 계모는 어떤 상징을 가지고 있는 걸까요?

Ⓒ 팥쥐는 콩쥐를 죽이고 콩쥐인 척하지만, 남편인 원님은 아내를 알아보지 못합니다. 남편에 대해 어떻게 생각하나요?

Ⓓ 콩쥐는 죽어 환생을 합니다. 꽃으로 환생한 의미는 무엇일까요?

Ⓔ 아궁이 속 빨간 구슬로 환생한 의미는 무엇일까요?

03 인적 네트워크를 찾는 삶에 다가가다.

※ 〈정승딸을 만나 목숨 구한 총각〉의 앞부분입니다. 뒤에 이어질 내용을 상상하여 창작해 보세요.

아들이 귀한 집에 삼대독자가 살고 있었어요. 부모는 불연 날아갈까 하여 삼대독자를 매우 귀하게 키웠습니다. 어느 날 한 대사가 삼대독자의 집으로 동냥을 얻으러 왔어요. 대사는 아이의 관상을 보더니 뭔가 불편해하는 것이었어요. 그것을 이상하게 여긴 어머니가 대사를 불러 왜 그러느냐고 물었어요. 대사는 "아들이 잘 생겼다만..."이라고 하여 말을 아꼈어요. 어머니가 재차 묻자 대사는 아들이 집에서 살다가는 호랑이에게 잡혀 먹힐 운명이라고 하는 것이었어요. 놀란 어머니가 우슨 방도가 없겠느냐고 물었어요. 그러자 대사는 방법이 있긴 한데, 아무 날 아무 시에 삼정승의 딸들에게 장가를 가야 한다고 하는 것이었어요. 대사의 이야기를 들은 부모는 그런 불가능한 일을 할 수 없으리라 생각하고 이제 아들은 잃은 것이라 여겨 근심에 빠져버렸어요. 부모님이 식음을 전폐하고 있자 삼대독자는 왜 그러신지 여쭈었어요.

※ 〈정승딸을 만나 목숨 구한 총각〉의 전문입니다. 나의 작품과 비교해 보세요.

아들이 귀한 집에 삼대독자가 살고 있었어요. 부모는 불면 날아갈까 하여 삼대독자를 매우 귀하게 키웠습니다. 어느 날 한 대사가 삼대독자의 집으로 동냥을 얻으러 왔어요. 대사는 아이의 관상을 보더니 뭔가 불편해하는 것이었어요. 그것을 이상하게 여긴 어머니가 대사를 불러 왜 그러느냐고 물었어요. 대사는 "아들이 잘 생겼다만…"이라고 하여 말을 아꼈어요. 어머니가 재차 묻자 대사는 아들이 집에서 살다가는 호랑이에게 잡혀 먹힐 운명이라고 하는 것이었어요. 놀란 어머니가 우슨 방도가 없겠느냐고 물었어요. 그러자 대사는 방법이 있긴 한데, 아무 날 아무 시에 삼정승의 딸들에게 장가를 가야 한다고 하는 것이었어요. 대사의 이야기를 들은 부모는 그런 불가능한 일을 할 수 없으리라 생각하고 이제 아들은 잃은 것이라 여겨 근심에 빠져버렸어요. 부모님이 식음을 전폐하고 있자 삼대독자는 왜 그러신지 여쭈었어요. 삼대독자는 집에서 죽음을 기다리지 않고 서울로 올라가 살길을 찾기로 하였어요.

서울로 간 삼대독자는 준비해온 돈을 가지고 길을 떠났다가 팥죽집에서 기거하면서 지냈어요. 일일이 곧잘 도와주는 삼대독자에게 팥죽집 주인인 할머니가 어쩌다가 떠돌아다니게 되었느냐고 물었어요. 삼대독자는 자신의 운영에 대하여 팥죽할머니에게 털어 놓았어요. 사정을 딱하게 여긴 팥죽할머니는 마침 정승 집에 일을 하러 다니는 자신의 두 딸들에게 부탁하여 삼대독자를 정승 집으로 안내하였어요.

정승 집으로 들어간 삼대독자는 몰래 초당으로 들어가 정승 딸을 만났어요. 정승 딸에게 자기 사연을 털어놓자 정승 딸은 다른 정승들의 두 딸들을 불렀어요.

"어떤 사람이 대사에게 죽을 운영에 처해졌다고 하는데, 정승의 딸들을 만나야 한데. 그렇다면 너는 어떻게 하겠니?"

"당연히 살려야지. 사람 목숨보다 귀한 것이 어디에 있어?"

"나도 그렇게 생각해"

삼정승의 딸들은 그렇게 삼대독자를 보호하기로 했어요. 과연 오월오일이 되자 호랑이가 나타나 삼대독자를 물어 가려고 했어요. 그때 삼정승의 딸들이 함께 있는 것을 보고는 포기하고 돌아갔어요. 호환을 물리친 삼대독자는 삼정승의 딸들과 결혼하여 잘 살았답니다.

원작과 이어쓰기의 서사적 특성 비교	
인물의 차이	
사건의 차이	
해결 과정의 차이	

Ⓐ 호환 당할 운명이 의미하는 것은 무엇일까요?

Ⓑ 작품에서는 집에 있으면 죽는다고 언급합니다. 왜 집에 있으면 죽는다고 하는 걸까요?

Ⓒ 호랑이가 찾아온다는 의미는 무엇일까요?

Ⓓ 총각은 팥죽 할머니, 팥죽 할머니의 딸, 대감집의 딸을 만나 목숨을 구합니다. 사람들을 만나 목숨을 구하게 된다는 것의 의미는 무엇일까요?

이야기,
삶을 통하다

04 새로운 나를 탐색하는 길로 나아가다.

※ 〈환생한 송아지 신랑〉의 앞부분입니다. 뒤에 이어질 내용을 상상하여 창작해 보세요.

옛날에 한 남자에게는 큰 마누라, 작은 마누라가 있었어요. 남자는 나라에서 지방 감사로 2년 동안 떠나있게 되었어요. 남자는 지방으로 떠나기 전 큰 마누라가 임신한 것을 알고 아들을 기대하여 떠났답니다.

남자가 집을 비운 사이, 역시 큰 마누라는 아들을 낳았어요. 작은 마누라는 그 아들 때문에 자신의 입지가 좁아질 것 같았어요. 그래서 작은 마누라는 꾀를 내었답니다. 작은 마누라는 큰 마누라에게 술이나 마시며 하루 놀자고 하였어요. 큰 마누라가 좋다고 하자 작은 마누라가 자신은 약한 술만 먹고 큰 마누라에게는 독주만 먹였어요.

큰 마누라가 술에 취해 곯아떨어지자 작은 마누라는 갓 태어난 어린아이를 연못에 던져 죽여 버렸어요. 그러고나서 본인도 자는 척을 했어요. 큰 마누라가 잠에서 깨어 보니 아이가 없어 여기저기 찾아보았어요. 하지만 결국 아이를 찾을 수 없었답니다.

2년이 지나, 임기를 끝낸 남자가 돌아와 아이를 찾았어요. 그런데 사람들은 아이가 어디로 갔는지 모르겠다고 했어요. 답답한 마음에 남자가 연못에 가서 세수를 하자 청개구리가 남자의 손으로 올라오는 것이 아니겠어요. 청개구리는 남자의 손바닥 위로 올라가 울었어요.

"애기, 애기, 애기"

"이상하다. 청개구리가 애기애기하며 울다니."

남자는 청개구리를 물에다가 넣었어요. 그랬더니 청개구리는 다시 나와서 남자에게 다가가고, 그래서 또 물에 넣으면 또 도로 자꾸 남자에게로 나오는 것이었어요. 둘째 마누라가 그 모습을 유심히 지켜보니 청개구리가 그냥 청개구리가 아니라, 자신이 연못에 던져 죽인 아들의 환생인 것 같았어요. 그래서 둘째 마누라는 청개구리를 잡아다 땅에 묻어버렸어요.

얼마가 지나, 청개구리를 묻은 장소에서 피가 더북하게 자랐다. 피는 벼과에 속하는 일년생 식물이에요. 벼랑 비슷하게 생겼어요. 그런데 피가 화초같이 예쁘게 자라자 남자가 피를 귀하게 여겼어요. 그것을 본 둘째 마누라는 아들이 피로 환생했다고 생각했어요. 둘째 마누라는 피를 베어 암소에게 먹여버렸어요. 또 얼마가 지나 암소가 송아지를 낳았어요.

※ 〈환생한 송아지 신랑〉의 전문입니다. 나의 작품과 비교해 보세요.

옛날에 한 남자에게는 큰 마누라, 작은 마누라가 있었어요. 남자는 나라에서 지방 감사로 2년 동안 떠나있게 되었어요. 남자는 지방으로 떠나기 전 큰 마누라가 임신한 것을 알고 아들을 기대하여 떠났답니다.

남자가 집을 비운 사이, 역시 큰 마누라는 아들을 낳았어요. 작은 마누라는 그 아들 때문에 자신의 입지가 좁아질 것 같았어요. 그래서 작은 마누라는 꾀를 내었답니다. 작은 마누라는 큰 마누라에게 술이나 마시며 하루 놀자고 하였어요. 큰 마누라가 좋다고 하자 작은 마누라가 자신은 약한 술만 먹고 큰 마누라에게는 독주만 먹였어요.

큰 마누라가 술에 취해 곯아떨어지자 작은 마누라는 갓 태어난 어린아이를 연못에 던져 죽여 버렸어요. 그러고나서 본인도 자는 척을 했어요. 큰 마누라가 잠에서 깨어 보니 아이가 없어 여기저기 찾아보았어요. 하지만 결국 아이를 찾을 수 없었답니다.

2년이 지나, 임기를 끝낸 남자가 돌아와 아이를 찾았어요. 그런데 사람들은 아이가 어디로 갔는지 모르겠다고 했어요. 답답한 마음에 남자가 연못에 가서 세수를 하자 청개구리가 남자의 손으로 올라오는 것이 아니겠어요. 청개구리는 남자의 손바닥 위로 올라가 울었어요.

"애기, 애기, 애기"

"이상하다. 청개구리가 애기애기하며 울다니."

남자는 청개구리를 물에다가 넣었어요. 그랬더니 청개구리는 다시 나와서 남자에게 다가가고, 그래서 또 물에 넣으면 또 도로 자꾸 남자에게로 나오는 것이었어요. 둘째 마누라가 그 모습을 유심히 지켜보니 청개구리가 그냥 청개구리가 아니라, 자신이 연못에 던져 죽인 아들의 환생인 것 같았어요. 그래서 둘째 마누라는 청개구리를 잡아다 땅에 묻어버렸어요.

얼마가 지나, 청개구리를 묻은 장소에서 피가 더북하게 자랐다. 피는 벼과에 속하는 일년생 식물이에요. 벼랑 비슷하게 생겼어요. 그런데 피가 화초같이 예쁘게 자라자 남자가 피를 귀하게 여겼어요. 그것을 본 둘째 마누라는 아들이 피로 환생했다고 생각했어요. 둘째 마누라는 피를 베어 암소에게 먹여버렸어요.

또 얼마가 지나 암소가 송아지를 낳았는데, 남자가 송아지를 엄청 위해 주는 것이었어요. 그것을 본 둘째 마누라는 아들이 송아지로 환생했다고 생각했어요. 둘째 마누라는 갑자기 아픈 척을 하며 송아지 간을 내어 먹어야 낫는다고 하였어요. 남자는 어려울 것이 없다며 하인을 시켜 송아지를 잡아 간만 내어다가 주고, 고기는 백정에게 먹으라고 하라고 했어요.

하인이 백정에게 가니 백정은 집에 없고, 백정의 어머니만 있었어요. 백정의 어머니는 백정이 오면 송아지를 잡아다가 간을 내어 보내주겠다고 하였어요. 하인이 떠나고, 백정의 어머니가 송아지를 보게 되었는데 송아지가 눈물을 뚝뚝 흘리고 있었어요. 백정이 돌아오자 백정의 어머니는 송아지의 간만 내어 보내면 되는데, 송아지가 우는 것이 불쌍하니, 개의 간을 내어 주고, 송아지는 보내주자고 했어요. 백정이 어머니의 말 대로 송아지를 풀어주자 송아지는 자유롭게 가고 싶은 곳으로 다녔어요.

한편, 서울에서 어느 지체 높은 양반이 사위를 구하는데, 짚으로 북을 만들어 놓고 북을 쳐서 소리가 나면 사위로 삼는다는 방을 써 붙였어요. 아무도 짚으로 만든 북을 칠 수는 없었답니다. 그런데 지나가던 송아지가 짚으로 만든 북에 뿔을 비볐더니 북에서 둥둥둥 소리가 나는 것이었어요. 양반이 북 소리를 듣고는 하인에게 북 치는 사람을 불러오라고 하였어요. 하인이 나가보니 송아지가 북에 비빔질을 하고 있었고, 거기에서 소리가 나는 것이었어요.

하인이 양반에게 송아지를 끌고 오며 북을 친 것은 사람이 아니라 송아지였다고 했어요. 양반은 약속은 약속이라며 송아지를 사위로 삼았답니다. 하지만 신부는 아무리 아버지 영령이지만 송아지와 결혼을 하는 것이 말이 안 된다고 생각했어요. 그러나 아버지의 말을 거역할 수 없어서 첫날밤에 함께 잤어요. 그러고나서 신부는 송아지와 결혼했다는 사실에 비관하여 죽으려고 했답니다. 그런데 갑자기 송아지가 말을 하는 것이었어요.

"결혼을 했으면 재미있게 살아야지 왜 죽으려고 합니까?"

말을 하는 송아지를 보며 신부는 깜짝 놀랐답니다. 송아지는 신부에게 칼과 세숫대야를 가져다 달라고 했어요. 신부가 가져다 주자, 송아지는 갑자기 자기 목을 칼로 찌르는 것이었어요. 그런데 송아지는 죽지 않고 송아지 허물을 벗고 사람이 되었답니다. 아들은 하늘에서 내려준 사람처럼 잘난 모습이었어요. 신부는 세상에 태어나서 그렇게 잘 생긴 남자를 처음 보았고 밤새도록 두 사람은 재미나게 이야기를 하였답니다.

아침이 되자 아들은 다시 송아지 허물을 뒤집어쓰며 자신이 허물을 벗었다는 이야기를 사람들에게는 하지 말라고 당부했어요. 삼일 동안 아침마다 아들은 송아지 허물을 쓴 채 장인, 장모에게 문안 인사를 드렸답니다. 장인, 장모는 송아지 사위의 인사를 그대로 받았어요.

아들은 삼일 째 되는 날 저녁에 장인, 장모에게 허물을 벗고 찾아가 절을 했어요. 장모는 어느 집 잘생긴 양반이 와서 절을 하느냐고 물었어요. 아들은 자신이 송아지였는데, 이제 허물을 벗고 살아도 되기에 그렇게 했다고 이야기했어요. 신부의 집에서는 허물을 벗은 아들의 모습을 보고 아주 좋아하였답니다.

아들은 하인을 앞세워 신부를 데리고 자기 집으로 신행길을 갔어요. 신행을 보자 아들의 아버지는 자신은 자식이 없어 신행이 올 리가 없는데, 이상하다고 생각했어요. 아들은 아버지에게 가서 자신이 둘째 마누라에 의해 죽은 아들이라고 했어요. 그리고 아버지에게 세 번이나 죽은 이야기를 했답니다. 아버지는 둘째 마누라를 널에 넣어서 죄의 항목을 써 붙이고 육포를 떠 죽였어요.

원작과 이어쓰기의 서사적 특성 비교	
인물의 차이	
사건의 차이	
해결 과정의 차이	

Ⓐ 아들은 어떤 모습으로 환생하나요?

Ⓑ 청개구리, 피, 송아지의 상징적 의미는 무엇일까요?

Ⓒ 환생, 즉 다시 태어남의 의미는 무엇일까요?

Ⓓ '사람'이 된다는 것의 의미는 무엇일까요?

05 서로를 구하는 삶에 다가가다.

※ 〈지네각시〉의 앞부분입니다. 뒤에 이어질 내용을 상상하여 창작해 보세요.

어떤 남자가 너무 가난해 자식들을 잘 먹이고 잘 입히지도 못하였어요. 그렇게 살다보니 남자는 이렇게 살면 무엇 하나 하는 생각에 이르렀어요. 결국 남자는 섣달그믐에 산으로 올라가서 목을 매달고 죽어야겠다는 결심을 했어요. 남자가 산중턱쯤 올라갔는데 불 하나가 올라오는 것이 보여 작은 언덕 밑으로 숨어서 지켜보았어요. 그 불은 어떤 어여쁜 여인이 들고 올라오던 등불이었어요. 여인은 남자가 죽으려고 했던 것을 알았던지, 남자에게 다가와서 자신이 남자를 구해주겠다고 하였어요.

"내일 아침이 정월 초하룻날인데도 자식들에게 밥을 해줄 수가 없어요. 그런데 자식들은 배가 고프다며 야단이에요. 제가 그 소리 듣고 어떻게 살겠어요? 그럴 바엔 차라리 죽어서 아이들의 그런 모습을 보지 않겠는 게 좋겠어요. 당신의 제안을 거절할게요."

"그게 무슨 말씀이세요. 그렇게 생명을 소중히 여기지 못하다니요. 제가 구원해 드릴테니 함께 가세요."

계속되는 제안에 남자는 여인을 따라갔어요. 여자를 따라가다 보니 강이 나오고 그 근처에 커다란 기와집이 나왔어요. 여자는 그 집이 자신의 집이라면서 거기서 쉬자고 하였어요. 잠시 후 여인이 저녁상을 차려 와서 남자에게 말하기를 자기하고 같이 살되 일 년에 두 번, 그러니까 섣달 그믐날하고 팔월 열 나흗날만 집에 다녀오라고 했어요. 그러자 남자가 두고 온 가족은 어떻게 하냐고 하였더니, 여인이 식구는 자신이 살려줄 테니 집 걱정은 하지 말라고 하였어요.

그렇게 둘이 같이 살다가 시간이 흘러 팔월 열나흘 날이 되었어요. 남자가 집에 다녀오겠다고 하자, 여인이 집에 가서 자지 말고 인사만 하고 오라고 했어요. 남자가 집에 갔더니 예전보다 더 잘살게 된 가족을 보고 여인이 돈을 보내서 이렇게 되었구나 하고 짐작하고는 다시 여인이 있는 집으로 돌아왔어요. 남자는 집 걱정을 떨치고 여인과 아들 하나 딸 하나를 낳고 살았답니다.

그러던 어느 날 섣달그믐이 되어 남자가 집에 다녀오겠다고 했는데 여인이 오늘 가면 못 돌아 올 것이니 가지 말라고 하였어요. 그래도 남자가 집에 다녀오겠다고 하자 여인은 어쩔 수 없이 허락했어요. 남편은 집으로 돌아가 자신은 자신을 구해준 여인과 살아야 하니, 부인과 자식들에게 이제 자신은 오지 못할 것이라며 오니까 잘 지내라고 하였어요.

남자가 여인에게 돌아가는데 냇가에 있는 징검다리를 건너려는 순간 돌아가신 아버지가 나타나 자신을 부르면서 쫓아오는 것이었어요.

"오늘 그 여자한테 다시 돌아가는 날이지? 지금 그 여자에게 가면 죽는다. 절대 가지마라."

남자가 생각하기에 아버지는 그 여인에게 가면 죽는다고 하고 여인은 본처에게 가면 죽는다고 하니 기가 막혔어요. 생각 끝에 남자는 아버지 말씀을 듣지 않는다면 비록 불효가 되겠지만 저 여인이 오늘날까지 자신을 이렇게 살려놨는데, 저 여인이 자신을 죽인다고 해서 거기를 가지 않는다는 것은 도리에 어긋난다고 생각이 들었어요.

"아버지, 저는 죽더라도 그 여인에게 가겠어요. 그 여인이 저를 살려주었으니, 가지 않으면 도리에 어긋난다고 생각해요."

"아들아, 그 여인은 사람이 아니라 지네란다. 하지만 네가 꼭 가야만 하겠다면 살 수 있는 방도를 알려주마. 그 여인의 집으로 들어가기 전에 담배를 물고 침을 모아 두었다가 그 여인이 덤비면 그때 침을 여인에게 뱉어라. 그렇게 하면 살 수 있을 거야."

남자는 아버지의 말을 듣고서 의심이 들어 집에 도착하였는데도 바로 들어가지 않고 뒤로 돌아가서 문구멍을 뚫어 방 안을 들여다보았어요. 그런데 아버지의 말처럼 여인과 아들, 딸이 벌건 지네가 되어 가지고 누워 있는 것이었어요.

※ 〈지네각시〉의 전문입니다. 나의 작품과 비교해 보세요.

어떤 남자가 너무 가난해 자식들을 잘 먹이고 잘 입히지도 못하였어요. 그렇게 살다보니 남자는 이렇게 살면 무엇 하나 하는 생각에 이르렀어요. 결국 남자는 섣달그믐에 산으로 올라가서 목을 매달고 죽어야겠다는 결심을 했어요. 남자가 산중턱쯤 올라갔는데 불 하나가 올라오는 것이 보여 작은 언덕 앞으로 숨어서 지켜보았어요. 그 불은 어떤 어여쁜 여인이 들고 올라오던 등불이었어요. 여인은 남자가 죽으려고 했던 것을 알았던지, 남자에게 다가와서 자신이 남자를 구해주겠다고 하였어요.

"내일 아침이 정월 초하룻날인데도 자식들에게 밥을 해줄 수가 없어요. 그런데 자식들은 배가 고프다며 야단이에요. 제가 그 소리 듣고 어떻게 살겠어요? 그럴 바엔 차라리 죽어서 아이들의 그런 모습을 보지 않겠는 게 좋겠어요. 당신의 제안을 거절할게요."

"그게 무슨 말씀이세요. 그렇게 생명을 소중히 여기지 못하다니요. 제가 구원해 드릴테니 함께 가세요."

계속되는 제안에 남자는 여인을 따라갔어요. 여자를 따라가다 보니 강이 나오고 그 근처에 커다란 기와집이 나왔어요. 여자는 그 집이 자신의 집이라면서 거기서 쉬자고 하였어요. 잠시 후 여인이 저녁상을 차려 와서 남자에게 말하기를 자기하고 같이 살되 일 년에 두 번, 그러니까 섣달 그믐날하고 팔월 열 나흗날만 집에 다녀오라고 했어요. 그러자 남자가 두고 온 가족은 어떻게 하냐고 하였더니, 여인이 식구는 자신이 살려줄 테니 집 걱정은 하지 말라고 하였어요.

그렇게 둘이 같이 살다가 시간이 흘러 팔월 열나흘 날이 되었어요. 남자가 집에 다녀오겠다고 하자, 여인이 집에 가서 자지 말고 인사만 하고 오라고 했어요. 남자가 집에 갔더니 예전보다 더 잘살게 된 가족을 보고 여인이 돈을 보내서 이렇게 되었구나 하고 짐작하고는 다시 여인이 있는 집으로 돌아왔어요. 남자는 집 걱정을 떨치고 여인과 아들 하나 딸 하나를 낳고 살았답니다.

그러던 어느 날 섣달그믐이 되어 남자가 집에 다녀오겠다고 했는데 여인이 오늘 가면 못 돌아 올 것이니 가지 말라고 하였어요. 그래도 남자가 집에 다녀오겠다고 하자 여인은 어쩔 수 없이 허락했어요. 남편은 집으로 돌아가 자신은 자신을 구해준 여인과 살아야 하니, 부인과 자식들에게 이제 자신은 오지 못할 것이라며 오니까 잘 지내라고 하였어요.

남자가 여인에게 돌아가는데 냇가에 있는 징검다리를 건너려는 순간 돌아가신 아버지가 나타나 자신을 부르면서 쫓아오는 것이었어요.

"오늘 그 여자한테 다시 돌아가는 날이지? 지금 그 여자에게 가면 죽는다. 절대 가지마라."

남자가 생각하기에 아버지는 그 여인에게 가면 죽는다고 하고 여인은 본처에게 가면 죽는다고 하니 기가 막혔어요. 생각 끝에 남자는 아버지 말씀을 듣지 않는다면 비록 불효가 되겠지만 저 여인이 오늘날까지 자신을 이렇게 살려놨는데, 저 여인이 자신을 죽인다고 해서 거기를 가지 않는다는 것은 도리에 어긋난다고 생각이 들었어요.

"아버지, 저는 죽더라도 그 여인에게 가겠어요. 그 여인이 저를 살려주었으니, 가지 않으면 도리에 어긋난다고 생각해요."

"아들아, 그 여인은 사람이 아니라 지네란다. 하지만 네가 꼭 가야만 하겠다면 살 수 있는 방도를 알려주마. 그 여인의 집으로 들어가기 전에 담배를 물고 침을 모아 두었다가 그 여인이 덤비면 그때 침을 여인에게 뱉어라. 그렇게 하면 살 수 있을 거야."

남자는 아버지의 말을 듣고서 의심이 들어 집에 도착하였는데도 바로 들어가지 않고 뒤로 돌아가서 문구멍을 뚫어 방 안을 들여다보았어요. 그런데 아버지의 말처럼 여인과 아들, 딸이 벌건 지네가 되어 가지고 누워 있는 것이었어요. 남자는 가만히 바깥으로 나와서 자신은 어차피 저 여인 손에 죽어도 원통하지 않으니 저 여인을 죽일 수 없다고 생각했어요. 그러고는 다시 방으로 들어갔더니 지네가 다시 여인으로 변하여 맞이하였어요. 남자는 아랫목에 앉아서 담배만 피우고 있다 보니 입에 침이 모이게 되었어요. 여인은 방구석에 앉아서 초조하게 남자의 얼굴을 바라

보고 있었는데 남자가 갑자기 침을 바깥에다 탁 뱉는 것이었어요. 이에 여인은 깜짝 놀라면서 아버지를 오다가 만나지 않았느냐며 당신이 만난 아버지는 실은 당신의 아버지가 아니라 나와 함께 살았던 구렁이인데, 내가 당신을 얻어서 잘 살고 있으니까 나한테 당신을 빼앗겼다고 생각해서 그런 것이라고 말했어요. 그리고 여인은 당신이 침을 바깥으로 뱉는 바람에 자신이 이제 천당으로 올라갈 수 있게 되었으니 여기서 백년해로하며 잘 살라고 말했어요. 그런 다음 여인은 두 아이를 품에 안고 공중으로 올라갔어요. 남자가 깨어나 보니 집은 없고, 주변에 바위들만 있는 것이었어요. 남자는 그 후로 본 집으로 돌아가서 내외가 백년해로하면서 잘 살았답니다.

원작과 이어쓰기의 서사적 특성 비교	
인물의 차이	
사건의 차이	
해결 과정의 차이	

Ⓐ 지네각시는 왜 자살하려고 하는 남자를 구해 주었을까요?

Ⓑ 지네각시는 남자뿐만 아니라 남자의 원가족까지 잘 살게 도와주었을까요?

Ⓒ 지네각시가 자신을 죽일 수도 있다는 아버지의 말을 들었을 때, 남자는 어떤 생각을 했을까요?

Ⓓ 남자가 침을 뱉지 않으니 지네각시는 천당으로 돌아갑니다. 왜 남자를 데리고 가지 않았을까요?

이야기,
삶을 통하다

06 금덩이를 찾으러 나아가다.

※ 〈내 복에 산다〉의 앞부분입니다. 뒤에 이어질 내용을 상상하여 창작해 보세요.

옛날에 어느 부잣집에 딸 셋이 있었어요. 하루는 아버지가 큰 딸을 불러 누구 덕에 먹고 사느냐고 물었어요. 큰 딸은 부모님 덕이라고 말했다. 아버지가 둘째 딸을 불러놓고 똑같이 물었는데 그 대답도 큰 딸과 같았어요. 아버지는 셋째 딸을 불렀어요.

"셋째야, 너는 누구 덕에 먹고 사니?"

"아버지, 저는 제 덕에 먹고 살아요."

"뭐라고? 이런 괘씸한 것 같으니!"

화가 난 아버지는 지나가는 숯을 만들어 파는 숯장수에게 딸을 데려가라고 해 버렸어요.

※ 〈내 복에 산다〉의 전문입니다. 나의 작품과 비교해 보세요.

옛날에 어느 부잣집에 딸 셋이 있었어요. 하루는 아버지가 큰 딸을 불러 누구 덕에 먹고 사느냐고 물었어요. 큰 딸은 부모님 덕이라고 말했다. 아버지가 둘째 딸을 불러놓고 똑같이 물었는데 그 대답도 큰 딸과 같았어요. 아버지는 셋째 딸을 불렀어요.

"셋째야, 너는 누구 덕에 먹고 사니?"

"아버지, 저는 제 덕에 먹고 살아요."

"뭐라고? 이런 괘씸한 것 같으니!"

화가 난 아버지는 지나가는 숯을 만들어 파는 숯장수에게 딸을 데려가라고 해 버렸어요. 셋째 딸은 자기 복은 자신이 가지고 간다면서 곳간에서 쌀을 서 되 서 홉을 퍼서 숯장수를 따라 나섰어요.

셋째 딸은 숯장수를 따라 산골로 들어가서 살림을 차렸어요. 딸은 가지고 온 쌀로 밥을 지어 시어머니에게 밥을 차려 드린 다음 밥을 이고서 숯 굽는 곳으로 갔어요. 그런데 숯을 굽는 곳에 금덩이가 있는 것이었어요. 숯장수는 그 돌이 금인지 몰랐지만, 셋째 딸은 금덩이인 것을 알아보고는 숯장수에게 내일부터는 숯을 굽지 말고 거기에 있는 돌을 팔아오라고 했어요. 그리고 아무리 사람들이 돌을 판다고 놀려도 꾹 참고 혹시 어떤 노인이 사러 오면 비싼 값을 받고 팔라고 당부했어요.

다음 날 숯장수는 셋째 딸이 팔아오라는 돌을 지고 장에 갔어요. 사람들은 돌을 발로 툭툭 차며 돌을 판다고 놀리며 지나갔지만, 숯장수는 셋째 딸이 당부한 대로 꾹 참고 견뎠어요. 저녁이 되자 셋째 딸의 말대로 노인이 나타나더니 숯장수에게 돌을 얼마에 팔 것이냐고 물었어요. 숯장수가 비싼 값에 팔겠다고 하자, 노인은 허허 웃으며 많은 돈을 주고 돌을 사갔어요. 그리하여 숯장수 집은 큰 부자가 되어 잘 살았어요.

그러던 어느 날 셋째 딸은 그만 병이 들고 말았어요. 숯장수가 왜 그러냐고 하자, 부모님이 거지가 되었을 것을 생각해서 그러하다고 했어요. 숯장수가 어떡하면 되느냐고 물었더니, 셋째 딸은 거지 잔치를 열흘만 하자고 했어요. 그리고 셋째 딸은 하인에게 돈을 주며 대문을 열었다 닫았다 할 때마다 자신의 이름인 "옥점아!"하는 소리가 나도록 만들어달라고 했어요. 거지 잔치를 한지 열흘째가 되자 전국 각지의 거지들이 다 모여들었는데, 한 쪽 구석에 거지 내외가 문을 여닫는 소리를 들으면서 울고 있는 것이었어요. 하인이 그것을 셋째 딸에게 고하자, 셋째 딸은 부모가 왔다는 것을 알고 달려 나가 맞이하였어요. 마침내 부모를 찾은 셋째 딸은 부모님을 잘 모시고 살았답니다.

원작과 이어쓰기의 서사적 특성 비교	
인물의 차이	
사건의 차이	
해결 과정의 차이	

Ⓐ 셋째 딸이 언니들과 다르게 “내 복에 산다”고 한 이유는 무엇일까요?

Ⓑ 셋째 딸은 금덩이를 발견합니다. 금덩이는 무엇을 의미하는 걸까요?

Ⓒ 셋째 딸은 아버지가 거지가 되었을 것이라고 확신합니다. 왜 확신하는 걸까요?

Ⓓ 셋째 딸이 아버지를 찾기 위해 잔치를 여는 이유는 무엇일까요?

Ⓔ 셋째 딸이 아버지를 찾는 부분에 대해 어떻게 생각하나요?

07 함께 구하는 복으로 나아가다.

※ 〈구복여행〉의 앞부분입니다. 뒤에 이어질 내용을 상상하여 창작해 보세요.

석숭이 조실부모하고 남의 집에서 서른다섯이 될 때까지 머슴을 살았어요. 하루는 석숭이 나뭇짐을 해서 내려오다 보니 큰 못이 있어 그 옆에서 담배를 한 대 펴 물고 쉬려고 했어요. 그러면서 자신이 이렇게 고생할 테면 차라리 죽는 것이 나을 것 같은 생각이 들었어요. 석숭이 물로 그냥 빠져들려고 뛰어가는데 갑자기 공중에서 "석숭아, 석숭아. 네가 아직 때가 미진해서 그렇다. 네 윗동네 안맹한 봉사한테 가서 점을 치면 살 길을 알려줄 테니, 죽지 말고 거기 가서 점을 쳐라." 하는 소리가 났어요. 석숭은 죽더라도 마지막으로 시도해보고 죽어야겠다는 생각이 들어 윗동네 봉사한테 점을 치러 갔어요. 봉사는 이제 때가 되었다며, 내일부터 서쪽으로 몇 달 며칠이고 무조건 가라고 했어요. 가다보면 큰 바다가 있는데 거기 용왕을 만나면 살 길을 일러줄 것이라고 했어요. 석숭은 자기가 머슴 사는 집 주인에게 돈을 받고 보따리를 짊어지고 점쟁이 말대로 서쪽을 향해서 계속 걸어갔답니다.

하루는 가다가 날이 저물었는데 한곳에 으리으리한 기와집이 하나 있었어요. 석숭이 가서 주인을 찾으니 어떤 노파가 나왔는데, 석숭이 하루 머물자고 하니 사람 잘 곳이 없다면서 문을 닫고 들어가 버렸어요. 석숭이 그럼 문간에서라도 날을 새우고 가겠다며 문간에 앉았어요. 그 집 안주인이 그 소리를 듣고는 어찌 문간에 사람을 재우느냐며 객실로 들어오게 하였어요. 그리고선 저녁을 잘 차려 주었는데, 한밤중이 되자 제사음식을 차려서 갖다 주었어요. 이튿날 석숭이 조반을 먹고 떠나려고 하니 안주인이 물었어요.

"어디를 가십니까?"

"용왕을 만나면 살 길을 알려 준다고 점괘에 나왔어요. 그래서 용왕에게 찾아가는 거예요."

"그럼 제 부탁 좀 들어 주세요. 저는 젊은 과부인데 어떤 사람과 살아야만 이 재산을 잘 보전하고 끝까지 잘살 것인지 좀 알아봐다 주세요."

"그런 고민이 있으셨군요. 네, 용왕을 만나면 물어보겠습니다."

석숭이 또 여칠을 갔는데, 하루는 또 날이 저물어 어떤 집에서 묵고 가게 되었어요. 그 집 주인양반이 무슨 연유로 그렇게 길을 가느냐고 물으니, 석숭이 용왕을 만나러 간다고 하였어요. 그러자 주인이 한 가지 부탁을 하겠다며, 자기가 여기에 남부럽지 않게 부자 소리를 듣고 사는데 이 문 앞 화단에 나무를 심으면 꽃을 피려고 하면 말라 죽어버린다며 어떻게 해야 죽지 않고 잘 살릴 수 있는지 좀 알아봐 달라고 하였어요.

석숭이 몇 달 여칠을 걸어가다 보니 서해바다가 나왔는데, 바다 가운데에 작은 섬이 있고 그 위에 용왕이 사는 집이 있었어요. 석숭이 건널 도리가 없어 걱정을 하고 있는데 이무기 하나가 와서 무엇 때문에 그리 걱정하느냐고 하였어요. 석숭이 길을 떠난 자초지종을 이야기하였어요.

"소원을 들어 주시면 저쪽으로 모셔다 드릴게요. 괜찮으신가요?"

"네, 염려 마시고 이야기해 보세요."

"저는 승천을 못해서 이렇게 이무기 노릇을 하고 있습니다. 어떻게 하면 승천하게 되는지 좀 알아봐다 주세요."

"그런 고민이 있었군요. 네, 용왕에게 물어보겠습니다."

석숭이 이무기 등에 올라타서 섬에 도착하였어요. 석숭이 문틈으로 보니 그 안에 엄청나게 크고 무섭게 보이는 용왕이 있기에 문 앞에 그냥 엎드렸어요. 용왕이 석숭이 온 것을 알고 불러들였어요.

※ 〈구복여행〉의 전문입니다. 나의 작품과 비교해 보세요.

석숭이 조실부모하고 남의 집에서 서른다섯이 될 때가지 머슴을 살았어요. 하루는 석숭이 나뭇짐을 해서 내려오다 보니 큰 못이 있어 그 옆에서 담배를 한 대 펴 물고 쉬려고 했어요. 그러면서 자신이 이렇게 고생할 테면 차라리 죽는 것이 나을 것 같은 생각이 들었어요. 석숭이 물로 그냥 빠져들려고 뛰어가는데 갑자기 공중에서 "석숭아, 석숭아. 네가 아직 때가 미진해서 그렇다. 네 윗동네 안맹한 봉사한테 가서 점을 치면 살 길을 알려줄 테니, 죽지 말고 거기 가서 점을 쳐라." 하는 소리가 났어요. 석숭은 죽더라도 마지막으로 시도해보고 죽어야겠다는 생각이 들어 윗동네 봉사한테 점을 치러 갔어요. 봉사는 이제 때가 되었다며, 내일부터 서쪽으로 몇 달 여칠이고 무조건 가라고 했어요. 가다보면 큰 바다가 있는데 거기 용왕을 만나면 살 길을 일러줄 것이라고 했어요. 석숭은 자기가 머슴 사는 집 주인에게 돈을 받고 보따리를 짊어지고 점쟁이 말대로 서쪽을 향해서 계속 걸어갔답니다.

하루는 가다가 날이 저물었는데 한곳에 으리으리한 기와집이 하나 있었어요. 석숭이 가서 주인을 찾으니 어떤 노파가 나왔는데, 석숭이 하루 머물자고 하니 사람 잘 곳이 없다면서 문을 닫고 들어가 버렸어요. 석숭이 그럼 문간에서라도 날을 새우고 가겠다며 문간에 앉았어요. 그 집 안주인이 그 소리를 듣고는 어찌 문간에 사람을 재우느냐며 객실로 들어오게 하였어요. 그리고선 저녁을 잘 차려 주었는데, 한밤중이 되자 제사음식을 차려서 갖다 주었어요. 이튿날 석숭이 조반을 먹고 떠나려고 하니 안주인이 물었어요.

"어디를 가십니까?"

"용왕을 만나면 살 길을 알려 준다고 점괘에 나왔어요. 그래서 용왕에게 찾아가는 거예요."

"그럼 제 부탁 좀 들어 주세요. 저는 젊은 과부인데 어떤 사람과 살아야만 이 재산을 잘 보전하고 끝까지 잘살 것인지 좀 알아봐다 주세요."

"그런 고민이 있으셨군요. 네, 용왕을 만나면 물어보겠습니다."

석숭이 또 여칠을 갔는데, 하루는 또 날이 저물어 어떤 집에서 묵고 가게 되었어요. 그 집 주인양반이 우슨 연유로 그렇게 길을 가느냐고 물으니, 석숭이 용왕을 만나러 간다고 하였어요. 그러자 주인이 한 가지 부탁을 하겠다며, 자기가 여기에 남부럽지 않게 부자 소리를 듣고 사는데 이 문 앞 화단에 나무를 심으면 꽃을 피려고 하면 말라 죽어버린다며 어떻게 해야 죽지 않고 잘 살릴 수 있는지 좀 알아봐 달라고 하였어요.

석숭이 몇 달 여칠을 걸어가다 보니 서해바다가 나왔는데, 바다 가운데에 작은 섬이 있고 그 위에 용왕이 사는 집이 있었어요. 석숭이 건널 도리가 없어 걱정을 하고 있는데 이우기 하나가 와서 무엇 때문에 그리 걱정하느냐고 하였어요. 석숭이 길을 떠난 자초지종을 이야기하였어요.

"소원을 들어 주시면 저쪽으로 모셔다 드릴게요. 괜찮으신가요?"

"네, 염려 마시고 이야기해 보세요."

"저는 승천을 못해서 이렇게 이우기 노릇을 하고 있습니다. 어떻게 하면 승천하게 되는지 좀 알아봐다 주세요."

"그런 고민이 있었군요. 네, 용왕에게 물어보겠습니다."

석숭이 이우기 등에 올라타서 섬에 도착하였어요. 석숭이 문틈으로 보니 그 안에 엄청나게 크고 우섭게 보이는 용왕이 있기에 문 앞에 그냥 엎드렸어요. 용왕이 석숭이 온 것을 알고 불러들였어요.

"석숭아. 오면서 세 가지 부탁을 받지 않았느냐?"

"네, 그렇습니다."

"내가 그 세가지 부탁에 대한 답을 일러주겠다. 이우기는 욕심이 많은 놈이라 여의주 세 개를 가져서 안 된 것이다. 여의주 하나는 석숭을 주고 자기는 두 개만 가지면 바로 승천할 수 있다. 그리고 큰 부잣집 화단에 꽃나무가 죽는 이유는 거기에서 두 자만 파 들어가면 금이 있는데 나무뿌리가 거기에 닿아 죽는 것이다. 그 금이 오십 섬인데 스물다섯 섬은 석숭에게 주고 나머지는 그 사람이 갖으면 된다. 금 캐낸 곳을 메우고 나무를 심으면 잘 자랄 것이다. 또 청춘과부는 남편이 죽어서 처음으로 제사음식을 먹은 사람과 살아야 평생을 잘 살 수 있다. 그리고 여의주는 조화가 무궁무진이라 입으로 부르는 대로 다 나오니 그것만 잘 알고 돌아가라."

석숭이 나와서 이우기에게 여의주 세 개 중 하나는 자기를 주고 두 개만 가지면 승천할 수 있다고 하니, 이우기가 여의주 하나를 빼서 주고는 다시 육지에 석숭을 데려다 주었어요. 석숭이 여의주를 가지고 큰 부자들 집에 도착하여 땅 속 두자 밑에 오십 섬의 금이 있어서 그런 것이라며 그 중 반은 자기를 주고 반은 그 사람이 갖되 조금이라도 당신이 더 차지하면 바로 죽을 것이라고 하였어요. 석숭이 거주가 정해지면 다시 기별을 하겠다고 하고는 부잣집을 떠나 청춘과부네 집으로 갔어요. 석숭이 과부에게 첫 방안제사 먹은 사람과 살아야 한다고 말을 하니, 여자가 석숭이 처음으로 방안제사를 먹은 사람이라며 같이 살자고 했다. 결국 석숭은 여의주도 생기고 금 스물다섯 섬도 생기고 부잣집 과부와도 살게 된 것이었어요. 그래서 오늘날에도 모두 "복은 석숭이 복을 점지하고 수는 삼천갑자 동방삭의 명을 점지해 달라."고 하는 말이 생겼답니다.

원작과 이어쓰기의 서사적 특성 비교	
인물의 차이	
사건의 차이	
해결 과정의 차이	

Ⓐ 석숭은 서쪽으로 떠납니다. 서쪽으로 가라는 의미는 무엇일까요?

Ⓑ 석숭은 왜 세 인물이 알아봐 달라는 부탁을 들어 준 걸까요?

Ⓒ 용왕은 왜 석숭의 질문에는 답하지 않고, 오는 길에 만난 세 사람의 질문에만 답하였을까요?

Ⓓ 석숭이 맺는 인간관계 방식은 어떤가요?

저자소개

김혜미

전. 동일여자고등학교 전문상담사
전. 태화복지재단 사회복지연구소 연구원
전. 건국대학교 서사와문학치료연구소 연구원
현. 한림대학교 생사학연구 HK연구교수
현. 한국문학치료학회 교육이사 및 자격관리이사
현. 한국독서치료학회 편집위원
현. 한국철학상담치료학회 편집이사

이미영

한림대학교 생명교육융합학과 생사학전공 박사수료
현. 이·통장 자살예방 생명지킴이 프로그램 세상살이 강사
현. 웰다잉포유연구소 소장
현. 문학심리분석상담사
현. 한국문학치료학회 간사

생명교육총서 9

이야기, 삶을 통하다

초판인쇄 2022년 05월 20일
초판발행 2022년 05월 30일

지 은 이 김혜미 · 이미영
발 행 인 윤석현
책임편집 최인노
발 행 처 도서출판 박문사
주 소 서울시 도봉구 우이천로 353
전 화 (02) 992-3253(대)
전 송 (02) 991-1285
전자우편 bakmunsa@hanmail.net
홈페이지 http://jnc.jncbms.co.kr
등록번호 제2009-11호

ISBN 979-11-92365-08-4 04100 **정가** 18,000원
979-11-87425-84-7 (set)